Meditación

Una guía para principiantes sobre la técnica de meditación fácil y efectiva para la paz interior y la felicidad

(Cómo incluir la meditación en tu vida: una guía paso a paso)

Patrícia Ballester

TABLA DE CONTENIDOS

Los Principales Errores Que Impiden Que Disfrute De Los Beneficios De La Meditación Para Combatir El Insomnio.. 1

Caminar Descalzo O Con Zapatos De Lujo 23

Vision How On The Edge Of Eyes - Doors To Souls 28

Responsabilidad Personal Y Familiar.........................50

Preparando Tanto Tu Cuerpo Como Tu Mente........55

Recomendaciones Para Principiantes 72

Otras Formas De Verlo..99

Plena Conciencia De La Naturaleza. 108

Diversas Formas De Meditación 111

Mantener La Inspiración.. 129

Un Sueño Tranquilo. 151

Om Gam Ganapataye Namaha: Meditación Guiada 160

Los Principales Errores Que Impiden Que Disfrute De Los Beneficios De La Meditación Para Combatir El Insomnio

¿Ha estado realizando todas las técnicas y ejercicios mencionados en este libro y sigue teniendo problemas para dormir? Tal vez sea porque no estás practicando lo suficiente.

Cada vez más personas están comenzando a practicar y experimentar la meditación, que ha entrado lentamente en nuestra cultura occidental. ¡Eso es una excelente noticia!

Lamentablemente, muchas personas no tienen la oportunidad de explorar la meditación en las mejores condiciones posibles... Y los errores dificultan su práctica. ¿Está intentando meditar para mejorar su sueño y evitar algunos de estos errores? Alternativamente, ¿deseas iniciar una meditación?

¡Evita estos errores para mejorar en la práctica!

1. No acepte sus ideas.

Cuando comienzas a meditar, lo primero que ocurre son pensamientos dispersos. Nos decimos a nosotros mismos: "La meditación no tiene como objetivo pensar..." Aunque en realidad es uno de los peores errores que puedes cometer, no pensar es uno de los peores porque tratar de detener tus pensamientos solo te hará sentir más fuerte.

El verdadero objetivo no es detener tus pensamientos, sino evitar que se concentren en ellos. Debemos concentrarnos en nuestra meditación, en tu respiración o en cualquier estilo de meditación que hagas.

Cuanto más intentemos evitar nuestros pensamientos, más fluirán en nuestras mentes, por lo que no hay razón para ponernos en la meta de no pensar en nada, ya que los pensamientos son naturales.

En cambio, se pueden apreciar de manera objetiva, pero tenga cuidado de no desarrollarlos o juzgarlos como normalmente hacemos.

Las principales causas de esta sobrecarga mental, que causa estrés, insomnio y ansiedad, son nuestro ritmo de vida acelerado y el exceso de información en el día a día. El silencio interno se vuelve incómodo cuando podemos escuchar la resonancia de todos tus recuerdos acumulados, lo que nos impide disfrutar de la calma.

Esto nos lleva con frecuencia a querer curar el mal con el mal, refugiándonos en otra distracción. Una voz acompaña al meditador durante una meditación guiada, lo que le permite mantener la pauta de ejercicio.

Como resultado, la meditación implica observar lo que está presente en nosotros. No importa lo que tengamos en nosotros. En primer lugar, la meditación es un ejercicio de iluminación que, a través de diferentes técnicas de concentración, permite tomar conciencia de la importancia y el lugar que damos a nuestros pensamientos.

Como testigos externos de nuestros diversos pensamientos, nos conocemos mejor a nosotros mismos, damos la bienvenida a los recuerdos almacenados en nosotros y nos concentramos en dejar ir estas fluctuaciones automáticas que ocurren, así como las emociones asociadas con ellas. En la práctica, los pensamientos se reducirán en tamaño y ocuparán menos espacio. La mente se desvía más fácilmente. Todo esto se hace para que podamos experimentar una conexión interna con el Ser profundo y experimentar una sensación de plena conciencia y una presencia pura, completa y atemporal.

2. SELECCIONE UN TIPO DE MEDITACIÓN QUE NO SEA ADECUADO PARA TI

Aunque esto es ciertamente importante, no estamos discutiendo lo que te gusta o no te gusta, sino más bien lo que está en línea con tus objetivos. El objetivo será descubrir una actividad en la que se sienta a gusto.

No importa, lo importante es que este ejercicio coincida con su objetivo y que estés de acuerdo con él.

3. Realizar medidas en un ambiente inadecuado

Un entorno no conductivo mientras estás en un estado meditativo puede afectar negativamente tu práctica, especialmente si eres nuevo en esto. Los olores fuertes, el ruido fuerte y el frío extremo...

La idea es encontrar un entorno que te ayude a meditar. Es importante que no deje a sus mascotas en la misma habitación que usted y su familia. Podrían molestarte mientras meditas. Además, evitamos estar en contacto con otros seres vivos durante el estado meditativo porque es un estado muy sensible.

4. Cree que la meditación resolverá cualquier problema.

Se trata más de cultivar y entrenar tu mente que de usar la meditación como una herramienta mágica que resolverá todas tus preocupaciones actuales y nunca más te provocará insomnio.

La meditación es un entrenamiento mental. Mientras más medite, más incorporará este estado en su vida diaria.

La meditación debe ir acompañada de entrenamiento en su vida si quiere tener un verdadero beneficio. En otras palabras, tenga un buen estilo de vida y trabaje en sus emociones y estados mentales en su vida diaria.

La meditación no es la solución para todos los problemas; es más bien una plataforma para mejorar.

5. Fomentar la cantidad por encima de la calidad

Cuando empiezas, es muy fácil querer meditar durante horas. El problema radica en que pocas personas mantienen este ritmo por un largo tiempo. Medirán unas cuantas veces durante varias horas y luego se rinden después de varias sesiones.

De hecho, aumentar gradualmente y suave la duración de nuestras meditaciones puede ser útil cuando queremos incorporarla en nuestra vida diaria. El sistema nervioso puede tardar un tiempo en relajarse, dependiendo del tipo elegido.

Después de un tiempo determinado, aproximadamente 30 minutos, la concentración aumenta, lo que hace que algunas técnicas tarden más en completarse para permitir una mayor profundidad. Como resultado, es necesario tener paciencia para observar y experimentar los diversos niveles de conciencia que una práctica puede brindar.

En cambio, realice sesiones más cortas, como 15 minutos, pero una vez al día o cada dos días. ¡Los beneficios serán más evidentes!

6. No desea tomar medidas porque no es una persona relajada.

En realidad, meditar no se trata de ser o no una persona tranquila. Algunos meditadores excepcionales son extrovertidos, felices y extremadamente activos. La meditación tiene más que ver con el enfoque y la atención.

Es similar an un jugador de fútbol o tenis que puede dedicar su atención completa an una pelota. Aunque no es una persona tranquila, muestra una gran concentración.

Capítulo siete: Meditaciones para mejorar y profundizar el sueño

El sueño es crucial para nuestra salud. Muchas veces se pasa por alto. El sueño determina tu próximo día cuando lo consideras. La meditación puede ayudarlo a relajarse después de un día ocupado y a dormir rápidamente y profundamente. La meditación puede calmar tu mente y ayudarte a dormir de forma profunda y saludable. El siguiente capítulo le proporcionará varios guiones. Puede probar uno de los siguientes y ver cuál le funciona mejor si busca relajarse durante el sueño, ayudarse a dormir en medio de la noche o simplemente tomar una siesta rápida durante el día.

Instrucciones para la Meditación Básica del Sueño

Hay algunas cosas que debe tener en cuenta cuando se trata de dormir y mantenerse dormido.

Si eres como la mayoría de la gente, es probable que tu cabeza esté llena de cosas y pensamientos que te mantengan despierto. ¡Nunca podrás dormir si tu mente sigue girando! Si bien esta meditación del sueño debería ayudar un poco, debes hacer tu propio trabajo. Tendrás que enseñar a tu mente a calmarse cuando estés listo para terminar tu día, de la misma manera que has aprendido a calmar tu cerebro durante los momentos de estrés.

Siempre sugiero establecer una rutina una vez que estés listo para ir a la cama. Mantener un bloc de notas en su mesa cada noche es un ejercicio que puede ayudarlo a relajarse. Con esto cerca, puede escribir cualquier pensamiento importante que quiera recordar. De esta manera, puede recordar lo que sucede mañana. Querrás decirte a ti mismo que estos pensamientos solo arruinarán tu agradable y tranquila noche de descanso. Simplemente escriba sus pensamientos en un papel y no se preocupe por ellos.

Prepárate para el éxito cuando sientas que está listo para la cama. Ocúpate de todo lo que necesites para el día siguiente, ya sea hacer el almuerzo o elegir la ropa. Apague las luces, cepíllese los dientes, póngase el pijama más cómodo y métase en la cama.

Si se siente cómodo, le invito a comenzar tumbándose de espaldas. Deje que sus piernas y brazos caigan donde estén más cómodos una vez que encuentre una posición en la que se sienta cómodo. Si te sientes incómodo mientras medita, siempre puedes cambiar de posición. Trata de ponerte cómodo sobre tu espalda por el momento, y entonces podremos comenzar.

Comienza a practicar tu escaneo corporal a medida que te acostumbres. Recuerden que deben permitir que cualquier idea fluya sin juzgarla. Actualmente solo estamos tomando conciencia de nuestros cuerpos. En este momento, no hay razón para cambiar nada. Encontre áreas tensas y concentre su atención en liberar esas áreas. Cuando te vuelves más consciente, nota cómo tu mente se vuelve más tranquila. Estás estableciendo una hermosa conexión entre el cuerpo y la mente. Tienes el poder de controlar tus pensamientos y calmar tu mente para que puedas estar bien descansado para mañana.

En el momento en que estés preparado, inspira profundamente. Deje que el aire lo llene de vida y relájese en la sensación de calma que empieza an inundarlo. Deja salir cualquier tensión que hayas notado exhalando. Los pensamientos de hoy pueden llegar a su mente a medida que continúan respirando. Quizás los pensamientos sobre todo lo que debes hacer mañana también te están nublando la mente. Si hay algo muy importante, escriba. Ahora, estos pensamientos no tienen importancia para ti. Cuando eres consciente del presente, el pasado y el futuro no tienen importancia. Te estás calmando y esperando un buen descanso en este momento.

Permita que todos los pensamientos fluyan libremente. Todo lo que debes concentrarte ahora mismo es en cómo te sientes. Respira y expulsa aire. Permita que todos los pensamientos escapen de tu mente. Te invito a comenzar a contar cada respiración y an inspirar y espirar en los próximos momentos. Cuenten cada respiración suavemente y sientan un mayor alivio con cada número que pasa. Puede contar del uno al diez y caer cada vez más profundamente en su cama.

Si quieres, puedes contar conmigo mientras te quedas dormido y disfrutas del sueño. Según sea necesario, deje que su mente se desvíe. No hay necesidad de prestar atención a nada. Relájese y despeje tu mente.

Enfóquese suavemente en el número uno, respire profundamente y permita que todo desaparezca.

Dos... experimenta una sensación de tensión que emana de todo tu cuerpo. Tu cama es tan cálida y cómoda que puedes dormir con seguridad.

Tres... cada vez te sientes más relajado. Está ansioso por un sueño profundo y agradable que lo ayude a prepararse para el éxito de mañana.

4. Tu mente se está volviendo muy serena. Tu mente está llena de pensamientos de dulces sueños.

Cinco... ahora te encuentras en una situación inestable. Sentir el peso de tu cuerpo contra la cama. Tu mente está preparada para relajarse un rato. Tu cuerpo está preparado para descansar.

Seis... te sientes increíble y seguro. Te alejas mientras te sientes cómodo...

Estás muy relajado. ¡Qué alegría! Muy relajado.

Ocho pesos pesados. Tranquilo. Relajado.

Respira profundamente mientras te preparas para escapar y navegar por la tierra de los sueños.

Diez...

Continúe contando cada respiración si todavía está ligeramente despierto. Levante los párpados. Su cuerpo está seguro y caliente en la cama. Estás perdido...

A bordo de un barco...

A bordo de un barco...

Dormir...

Una guía para meditar y volver a dormir

Todos hemos estado allí; después de un largo día, disfrutas de un buen sueño y de repente te despiertas. Intentas dormir, pero solo te mueves durante algunas horas. ¡Si alguna vez has tenido problemas para dormir, no te preocupes!

La clave aquí es aprender a relajarte después de despertar. Cuando es tan importante dormir, con frecuencia nos molesta despertarnos, especialmente si tiene un día muy ocupado por delante. Serás capaz de relajar tu mente, relajar tu cuerpo y volver a dormir a través de la meditación. Si no puedes dormir, intenta el siguiente guión.

Si ya está en la cama, intente ponerse lo más cómodo posible. Póngase en esa posición para volver a dormir, independientemente de la forma en que duerma. Aprender a relajarse ayudará a calmar su mente, y antes de que se dé cuenta, estará durmiendo en un sueño tranquilo y agradable.

Recuerda concentrarte en tu respiración mientras te acomodas en la cama. Quiero que sigas adelante e inspires tan profundamente como te sientas cómodo y te permitas respirar lentamente. Cuente cada número que pueda inspirar y espirar después de hacerlo una vez más. Tome respiraciones lentas y tranquilas mientras estás atento. Siente cómo cada respiración que tomes te relaja. Sentir cómo el sueño te rodea como una ola.

Suelta un aliento y tu mente se calma. En este momento, no hay nada más que la dulce sensación de sueño y tu respiración. Concéntrese en cada respiración que está tomando y permita que el aire se escape naturalmente. Observa ahora cómo cada respiración es sin esfuerzo mientras la toma. Tu cuerpo tiene una comprensión precisa de lo que necesitas. Solo relájate y descansa.

Fíjate en lo fácil que se está volviendo todo ahora. Tus piernas y brazos están quietos y pesados, y tus hombros están comenzando a relajarse en la cama. Tus pies están calientes y bien, y te hundes cada vez más en la comodidad de tu cama. Si su mente comienza an alejarse, espera una noche reparador.

Si es posible, intente parpadear una vez. Ahora observe lo pesados que están volviéndose sus párpados. Puede que incluso te sientas bien ahora que estás tratando de cerrar los ojos. Relájate en esta sensación y imagina cómo toda la tensión se desliza de tu cuerpo. ¿Qué pasaría si te despertaras por un par de minutos? Puede relajarse más y concentrarse en su respiración en este momento. Deje que el sueño te lleve hasta que estés listo para despertarte.

Volver a concentrarte suavemente en tu respiración si lo deseas. Comienza la cuenta atrás para un dulce sueño y siente lo cómodo que estás.

Caminar Descalzo O Con Zapatos De Lujo

El Predicador dijo que todo era vanidad. ¿Cuál es el beneficio que obtiene el hombre de todo el trabajo que realiza bajo la luz del sol? Generación tras generación, pero la tierra nunca desaparece. Eclesiastés 1:2-4

Tener un buen par de zapatos puede garantizar un recorrido más cómodo y lograr más. En cambio, no llevará mucho tiempo usar zapatos que causen molestias, incomodidades o lesiones en los pies. Los zapatos son esenciales no solo por la comodidad sino también para proteger los pies del clima. Conocí a alguien que coleccionaba zapatos y tenía más de 60 pares que usaba con frecuencia. "60 pares, pero te puedes poner solo un par a la vez", le dije. Muchas personas exhiben excesos, autosuficiencia e incluso excesos exagerados. En Londres, Inglaterra, hace un tiempo, se vendieron unos zapatos de mujer por $230.000. En total, tenía incrustados 2200 diamantes de 30 quilates. Es bastante irónico que unas 315 familias en Angola, África, ganen al año con el valor de esos zapatos, pero es una realidad.

El Predicador dijo que la vanidad es un acto de vanidad. Dios nos brinda lo que necesitamos y es justo. En la actualidad, millones de personas en todo el mundo siguen caminando sin zapatos, mientras que otras personas tienen de más, y las que tienen de más probablemente no necesitan caminar largas distancias porque todos sus recorridos se realizan en sus vehículos. Nada de lo que tenemos en este mundo llega al cielo. Debemos sentirnos satisfechos y agradecidos con Dios por lo que tenemos. Antes de gastar más dinero, consideremos an aquellos que no tienen, oremos a Dios, solicitemos orientación espiritual y ayudemos a los necesitados. Debemos aprender a vivir la vida que Dios desea para nosotros.

Soy capaz de vivir con modestia y gozar de abundancia; estoy instruido en todo, tanto para tener comida como para tener hambre, así como para tener abundancia como para sufrir necesidad. En Cristo, todo lo puedo. Filipenses 4:8-12

15

Las grasas

Las hormigas son una comunidad débil que se alimenta durante el verano. Los Proverbios 30:25

Cuando era niño, veía en la televisión un programa de caricaturas en el que una familia se reunía en un día de campo y preparaban la comida colocando un mantel de cuadros rojos sobre el césped.

Allí mismo, servían la comida. No puedo olvidar a las cinco hormigas que llevan una sandía (también conocida como melón de agua) en sus espaldas y les digo que me impresionaron cuando tenía solo cinco años. Ahora que soy adulto, puedo ver cómo funcionan las hormigas, y lo que vi cuando era niño no era una exageración. Estos insectos pueden producir una gran cantidad de comida para su guarida, preparándose para cuando la comida no pueda cosechar. La organización de las hormigas es el éxito. Desde cientos hasta millones de estos insectos sociales viven en comunidades.

El autor de los proverbios nos anima a prestar atención a la sabiduría de la hormiga. Se dice de ella que es trabajadora, que nunca pierde la vista del camino; aunque no tiene que la mande, no pregunta por lo que tiene que hacer, simplemente hace lo que tiene que hacer. Los creyentes debemos seguir este ejemplo. Para poder cosechar en su tiempo, debe trabajar en comunidad como cuerpo de Cristo, comprender los tiempos y salir a predicar.

En Cristo, somos fuertes y vencedores. Realizemos acciones significativas en beneficio del Reino celestial y en honor y gloria de Jesucristo.

Te presentamos hoy estos versículos:

Oh perezoso, mira a la hormiga. Observa sus rutas y sé astuto; Aquella que, sin tener un capitán, gobernador o señor, prepara su comida en el verano y recoge su mantenimiento en el tiempo de la siega.

Vision How On The Edge Of Eyes - Doors To Souls

Además, se imprime negativo psicológico en las matrices y en los ojos de Mira. No es de extrañar que tratemos an una persona que no tiene mucha confianza en nosotros. Su alma parece estar completamente desorientada. El interlocutor de este tipo es desagradable para todos, sin excepción. Sin embargo, una mirada concentrada es un signo de que está trabajando activamente. conciencia: comunicarse con una persona así es agradable. No hay duda de que él se sorprenderá de lo que estamos discutiendo, por lo que le pedimos que intentemos enseñarle algo.

Los investigadores experimentados con frecuencia pueden reconocer a los ex convictos por sus propios ojos. debido a que en su libro "Una mirada a muchos años" publica un programa psicológico específico. La perspectiva de una persona cambia como resultado de años de aislamiento.

La visión hipnótica todavía existe. La historia demuestra que Grigory Rasputin tenía una perspectiva similar. muchas personas que lo acompañaban. Están cerca o solo lo han visto una vez, confirman que había un poder extraordinario en este punto de vista que podía reprimir la voluntad de otra persona. ¡Es verdad, tiene ojos! En su diario, la mujer de honor de la corte de Su Majestad E. Dzhumanov escribe. Cada vez que lo observo, me sorprende la variedad de su lenguaje y la profundidad que tiene. Es imposible mantener su mirada durante mucho tiempo. Aunque sus ojos brillan con frecuencia con bondad, siempre con una parte de picardía, y en ellos hay mucha suavidad, hay algo pesado en él, como si sintiera la presión material. Sin embargo, en ocasiones son crueles y pueden causar miedo.

Los encantos hipnóticos de Rasputín no solo afectaron a las mujeres más altas de Sveta o a los miembros de la familia real. Muchos estados hombres afirmaron que no estaba claro de qué manera.

La gente perdió su propia voluntad y cayó completamente bajo su influencia. Visión Rasputín paralizó la conciencia de la gente y los sometió.

Una vez, un hombre de negocios vino a mí en busca de ayuda. Tuvo muchos problemas y su salud no estaba en su mejor momento, y en su vida personal, en general, no había estabilidad en los negocios.

- Pregunto.

Sí, los socios fallan todo el tiempo. O se cruzan algunos frívolos, luego con sesgo fraudulento. Y por alguna razón, los socios confiables y probados no tienen prisa en cooperar con mi empresa. "Pensemos", dicen, mano prensa, sí, entonces no llame más.

¿Estás encabezando la negociación?

Pero, como Carnegie comenzó desde cero antes de releer las costuras, todos los trucos de negociación modernos han sido probados y no funcionan.

Pero cuando este hombre de negocios desafortunado se quejó una vez, noté qué es él, aunque intenta mirarme, pero sus ojos se mueven como si estuviera asustado.

Le expliqué a mi paciente que la mirada le da a la gente una impresión negativa. Una persona que mira constantemente hacia otro lado durante una conversación se percibe como inseguros de sí mismos, aburridos o engañadores. Trató de apartar la mirada de mis ojos, pero no funcionó. El hábito es demasiado fuerte. Entonces le sugerí hacer ejercicios de mirada, que consisten en meditar sobre la llama de la vela.

Y al rato me llamó muy feliz para compartir alegría: dos grandes firmas de tres firmaron un contrato largamente esperado con él, lo que lo convirtió en un socio confiable. Por cierto, las relaciones en casa mejoraron, y la esposa lo trató con mucha confianza, lo que resolvió sus muchos problemas emocionales. Y en conclusión, todo esto tuvo un impacto sorprendente en su salud: todo, excepto el estómago cansado, se olvidó de dónde estaba la energía

Esto es un ejemplo de cómo trabajo con Mira, resido en meditación, mejoro la psique, mejoro la salud y mejoro los negocios. Todo esto sucede porque cambias el programa negativo en tu mirada positiva.

Ahora les mostraré algunos ejercicios para los ojos que se basan en métodos de meditación.

XI: MEDITACIÓN DIARIA PARA EL ALMA

Muchos adultos encuentran que su alma y espíritu están embotados y desconectados de sus cuerpos y vidas. Una forma de volver a ponerte en contacto con tu alma y revitalizarla es a través de meditaciones diarias. Aquí hay una meditación diaria que te ayudará a fomentar tu relación con tu alma.

Daily Meditation

Una de las mejores formas de meditar para tu alma es la meditación del diario; es muy similar a la meditación de observación en el sentido de que utiliza sus observaciones sobre usted mismo.

en que usted escribe sus observaciones en lugar de simplemente pensarlas, y viene con indicaciones específicas.

"Hoy, estoy agradecido por..." es el primer aviso para la meditación de tu diario.

Después del aviso, puedes enumerar tantas cosas como quieras. El segundo mensaje es: "¿Qué necesito ahora?"Aunque esta pregunta pueda parecer absurda, pocas personas se toman el tiempo de considerar sus necesidades actuales.

Comienza investigando las indicaciones y considerando sus respuestas.

No se sienta avergonzado de adónde va su mente; manténgase muy consciente de sus sentimientos y observe cómo sus pensamientos vagan por el mensaje.

Una vez que haya observado sus pensamientos en respuesta a las indicaciones, escriba sus respuestas. Este paso crucial te permite ver una representación física de tu alma. No se preocupe por la ortografía, el formato o la escritura a mano; simplemente escribe lo que tu alma te dice que escribas.

Una vez que haya respondido estas dos indicaciones de manera honesta y adecuada, debe reflexionar sobre los diarios. Piense en por qué pudo haber escrito estas respuestas y continúe disfrutando de su conexión con su propia alma.

Aunque esto no es un requisito para la meditación, muchosgente descubren que hacer una meditación en un diario por la mañana es extremadamente útil. Les permite comenzar su día con una buena nota y hacer sus tareas diarias con la meditación del alma en mente.

6: Meditación Energética

Otra forma de meditación conceptual es la energía, en la que el único enfoque es la idea de la energía que te rodea. (Aunque puedes transformarla fácilmente en una meditación de conciencia plena si te enfocas menos en la idea y más en cómo se siente en realidad esta energía).

Como siempre, encuentra un lugar tranquilo y cómodo y permanece allí durante quince o treinta minutos. Dedica unos minutos a relajarte, quizás comenzando con una meditación básica de respiración.

Ahora centra tu atención en la idea de energía. Piensa en cómo todo está hecho de energía. Piensa en la energía que se necesita para inhalar y exhalar el aire de tu cuerpo. Piensa en la energía de la habitación. Piensa en la energía de tu región, tu país, la Tierra... y finalmente, todo el universo.

Pensa en cómo eres parte de este campo de energía. Sumérgete en él, como si fueras un balde de agua en el mar. Siente la energía de los demás y permite que tu energía los alcance. Crece y hazte más grande porque eres parte de todo.

7. Meditación basada en la dualidad.

Este es otro tipo de meditación conceptual. La idea es concentrarse en tu naturaleza dual sin juzgar y luego aceptarla.

Todo tiene una naturaleza dual. Pensamos en los opuestos más obvios, como masculino y femenino, blanco y negro, caliente y frío, pero también podemos pensar en la naturaleza dual de nuestra personalidad o incluso de ciertos objetos, como el calor de un horno que te puede quemar o cocinar tu cena.

Con frecuencia, hacemos juicios de valor sobre una de estas categorías, y al hacerlo, en realidad etiquetamos cosas como "malas". Por ejemplo, decimos que la avaricia es mala, la generosidad es buena, el orgullo es bueno cuando estamos orgullosos de los demás, el orgullo es malo cuando estamos orgullosos de nosotros mismos.

Una meditación dualística te permite examinar tu naturaleza dual, darte cuenta de que es natural y luego aceptarla. Por ejemplo, el horno tiene la capacidad de quemar o cocinar, y tú existes con múltiples características de personalidad que existen una junto a la otra (como el egoísmo y el altruismo). Para esta meditación, puedes relajarte como siempre, usando una meditación de respiración básica, o similar. Luego, toma un concepto dual

8. Meditación Transcendental (MT).

La primera vez que escuchó hablar de meditación, probablemente escuchó el término Meditación Transcendental, ya que es una de las formas de meditación más conocidas y enseñadas. Se practica generalmente dos veces al día, durante alrededor de 20 minutos en cada sesión. Sin embargo, la Meditación Transcendental (también conocida como MT) es diferente porque no está dentro de ninguna de las dos categorías principales de meditación.

CONSEJO: Quienes proponen la meditación de concentración dicen que se realiza lo opuesto an una meditación de concentración, ya que la concentración requiere esfuerzo para lograr el enfoque. Quienes practican la meditación de concentración dicen que solo debes apaciguar tu mente y dejarla ser; solo entonces puedes sumergirte en su profundidad.

La segunda diferencia entre la meditación transcendental y otros tipos de meditación es que no se puede aprender en un libro. En cambio, solo puede aprenderla con un maestro certificado que te guiará a través de un procedimiento de siete pasos, en diferentes días, que incluye entrevistas individuales, discusiones sobre las instrucciones y aprendizaje de la técnica, que culmina en una ceremonia especial.

La Meditación Transcendental comienza con un mantra seleccionado por su instructor MT certificado; en la mayoría de los casos, este mantra no tiene un significado que pueda comprender, lo que permite que su mente se apacigüe. Mientras medita, sus pensamientos "trascenderán" y se trasladarán desde la mente subconsciente a la mente consciente.

CONSEJO: Como te dije al comienzo de este libro, no te ordenaría encontrar un instructor certificado si no quieres hacerlo. Por lo tanto, si quieres aprender más sobre MT y experimentarla, entonces tendrás que encontrar uno. Afortunadamente, es probable que no tengas que ir muy lejos para encontrar uno, especialmente si vives en una ciudad grande. Puedes comenzar tu búsqueda en el sitio oficial de MT, www.TM.org.

9. Mantra de meditación

La meditación Mantra (también conocida como meditación vibracional) es muy popular porque muchas personas asumen automáticamente que todas las personas que meditan la practican.

El primer paso es elegir una palabra o un sonido que será el foco de esta forma particular de meditación de concentración. Puede elegir una palabra que tenga un significado para ti, como paz, serenidad o amor. Puede elegir una frase corta como "Soy amor" o "Soy libre", o puede elegir un sonido, como el famoso "om". Lo que sea que elijas, debes estar seguro de que es una palabra

CONSEJO: Antes de comenzar a meditar un mantra, intente usar una variedad de palabras. Diga las palabras y observe cómo se sientes. Presta atención a cómo las palabras salen de tu lengua y verifica si tienes alguna respuesta emocional. Para tu meditación, puedes elegir la palabra que mejor te sientes.

En general, dices tu mantra en voz alta, repetidamente. No necesitas hacerlo muy alto; puedes hacerlo an un volumen que sea cómodo para ti, tal vez como un susurro. Puedes concentrarte en el sonido. Puedes concentrarte en cómo tus labios y tu aliento se combinan para formar la palabra o el sonido.

Consejo: Si comienzas a concentrarte en el significado de la palabra en lugar de su sonido, estarás haciendo meditación conceptual. En este caso, puedes decir la palabra en voz alta o decirla por ti mismo.

10. Escaneo del Cuerpo Meditativo

La meditación Escaneo del Cuerpo es una forma de conectarte mejor con tu cuerpo y tu mente. Por lo tanto, practicar regularmente este tipo de meditación ayuda a reconocer el estrés y la tensión cuando comienzan an acumularse en tu cuerpo (de modo que puedes controlarlos mejor y aliviarlos antes de que se conviertan en un problema). También puede usarlo como un "calentamiento" para luego hacer otras formas de meditación (como la meditación

Asegúrate de alejarte de distracciones como teléfonos, alarmas, visitas, televisión, etc. y vístete cómodamente.

Puedes practicar la meditación escaneando el cuerpo, sentado o recostado si quieres, siempre que estés relajado, aunque lo ideal sería acostarte sobre tu espalda. Cierra tus ojos, concentrarte en tu respiración por algunos minutos y relájate. Cuando estés listo para comenzar, empieza por los dedos de tus pies y concéntrate totalmente en las sensaciones que provocan. Incluso puedes aumentar la tensión en tus dedos y luego relajarlos

Presta atención a las sensaciones en las plantas de tus pies, en la parte superior de tus pies y en tus tobillos. Siente la presión en el punto donde tu pie hace contacto con el piso, la alfombra, tu cama, el sillón, el suelo o lo que sea. Tensiona ligeramente tus músculos en tus pies y luego presta atención a la sensación de relajación.

Desplázate hacia arriba, hasta las pantorrillas. Siente cómo toman contacto con la superficie sobre la que estás recostado. Permite que se relajen y enfócate en cómo se sienten cuando están relajadas. Desplázate hacia tus rodillas, luego hacia tu pelvis y tus caderas. Siente la tensión en esas partes de tu cuerpo. Toma conciencia de ella. Luego, conscientemente busca liberar esa tensión. Ahora estás en tu abdomen y

Pon atención en las sensaciones y puntos de presión de tu cuerpo mientras tensas y relajas los músculos de tu espalda. Luego, mira hacia tus hombros, tus codos, tu muñeca y tus dedos.

Finalmente, relaja tu cuello y luego tu cabeza apretando tus labios y mandíbula y prestando atención a cómo se relaja la tensión. Relaja tus ojos.

En este punto, deberías estar completamente relajado y en sintonía con tu cuerpo. Puedes seguir concentrando tu atención en las sensaciones de tu cuerpo, como puntos de presión, relajación profunda y la tibieza (o fríez) de la habitación.

Puede comenzar una forma de meditación diferente. Puede practicar la meditación de respiración, la meditación conceptual (como la meditación de la energía o la muerte) o cualquier otra forma que te parezca bien.

11. Meditación mientras comes.

Cuando decides hacer una meditación activa, puedes hacer casi cualquier cosa, incluso comer. Y dependiendo de cómo lo haces, puede convertirse en una meditación de concentración (si te concentras en lo que estás comiendo) o en una meditación de conciencia plena (si te permites experimentar la actividad).

Si, por ejemplo, decides comer una naranja, podrías meditar profundamente si prestas atención a cada paso de esta actividad. Presta atención a cómo se siente tocar la cáscara bajo la yema de tus dedos; escucha el sonido que se produce cuando quitas la cáscara; y enfócate en la "explosión" del agradable olor a naranja que surge cuando quitas la cáscara.

Posteriormente, coloque un trozo de naranja en la boca con la lengua, exprímela suavemente entre los dientes y deje que el jugo salga lentamente. Presta atención al sabor y otras sensaciones que produce la naranja en tu boca.

Puede usarla como un ejercicio de concentración mientras te sientas y te concentras en la naranja, pensando en cómo llegó an estar frente a ti. Puedes imaginarla desde que era una pequeña semilla, creciendo en un árbol hasta ser cortada cuando está lista y madura.

Responsabilidad Personal Y Familiar

En mis primeros años, he escuchado a muchos padres de familia decir: "los criamos para que se vayan y hagan su vida, no para recibir algo a cambio". A veces, las cosas no se pueden considerar en el momento en que las palabras salen de la boca de alguien, sino en el tiempo y el espacio necesarios para verificar los hechos que antes solo eran palabras. Esto me llevó a meditar profundamente sobre cuánta verdad había en esas palabras. Desde entonces, he estado analizando este dicho para determinar su veracidad. Hasta ahora, puedo observar que eso suele ser tan cierto como las palabras de algunos jóvenes ante otros jóvenes: "Mi padre o madre se ha sacrificado tanto por mí, que merece lo mejor de mí", junto con ese grito de justicia lanzado por los promotores de la consideración de los padres por parte de los hijos. Sin embargo, a muchos de ellos, con los que he discutido alguna vez este tema, especialmente cuando salió la ley

En la actualidad, puedo afirmar que pertenezco an una generación en la que se distribuían las responsabilidades en las casas con los mismos derechos, y cada uno desempeñaba una función según las necesidades del hogar y la familia. Como resultado, hemos aprendido a valorar la importancia del grupo familiar, desde la ayuda mutua para construir la huerta o el techo de la casa, cuidar a los animales o estar atentos a las necesidades de las personas enfermas.

Pero bueno, como hemos aprendido juntos en familia, cada uno ha desarrollado una personalidad distinta, es decir, en la actualidad cada uno ha ido por su propio camino, pero sin perder la unidad familiar, esa que de una u otra forma suele nutrirnos de humanidad cada vez que estamos perdidos en nuestros delirios personales, ese delirio que en más de una ocasión nos ha sabido desvirtuar de la realidad familiar, entrando en pequeños estados de Y esta formación familiar me ha enseñado que no hay mejor paraíso que tu casa, y si tu casa no es tu paraíso, a pesar de las diversas situaciones que te pone la vida, no es tu paraíso simplemente porque en tu casa la familia no es la familia, sino un conjunto de personas que viven en un mismo hogar, donde cada uno pertenece an un mundo individual dentro de un círculo social que se relaciona a sí mismo por el simple hecho de compartir una casa.

Por otro lado, cuando digo que la familia es el paraíso no quiero decir que todo tiene que marchar perfectamente, porque en casa en más de una ocasión nos hemos querido sacar los ojos del cuerpo para vernos con los del alma, con la única intención subconsciente de recordarnos que procedemos del mismo vientre, de ese vientre que nos hospedó en su interior y en nuestro hogar durante todas las temporadas dependientes de nuestra larga y jodida vida; razón por la cual es de vital importancia que los roles de casa se repartan entre todos, porque eso demostraría nuestro grado de cultura obtenido a lo largo de la evolución del hombre, esa misma evolución que hoy se encuentra en pleno siglo XXI, disfrutando de todos los beneficios que han concedido las liberaciones o revoluciones para el bien de todos, desde uno mismo hasta la familia así como también del pueblo, porque "el hombre es una ser social por naturaleza", razón por la cual toda nuestra vida girará en el círculo vicioso de la vida, tú vida, la vida de los tuyos y la vida de los demás.

Preparando Tanto Tu Cuerpo Como Tu Mente

Preparando tanto tu cuerpo como tu mente

Ahora que sabes qué es la meditación, puedes ver claramente sus beneficios. Esto te prepara para aprender a meditar. En los próximos capítulos discutiremos una variedad de métodos que son esenciales para la meditación.

Existen técnicas que puedes aprender a través de este libro electrónico, pero otras requieren la ayuda de un instructor calificado y experimentado. Recomendamos comenzar con las formas más básicas, que se enumeran a continuación, antes de pasar an otras más complejas. También descubrirás que esto te ayuda a tener más éxito en los ejercicios de meditación difíciles.

Una palabra de precaución

Al comenzar la meditación, debes tener en cuenta que el proceso puede provocar pensamientos, sentimientos e incluso eventos traumáticos de tu pasado. No te rindas si tienes recuerdos reprimidos o si la meditación te afecta psicológicamente. Sin embargo, para que la meditación sea exitosa para usted, debe trabajar con un instructor calificado para resolver estos problemas.

Si eres paranoico, tienes problemas con delirios o tienes altos niveles de ansiedad hasta el punto de no poder funcionar correctamente, la meditación puede no ser para ti. Estas personas también frecuentemente descubren que la meditación puede ser útil, pero solo cuando reciben la orientación de sus médicos.

Los pacientes con trastornos psicóticos deben consultar primero an un especialista en meditación antes de iniciar su propia meditación. Para ayudar an aquellos que están interesados en la meditación pero están preocupados por lo que podría pasar durante el proceso, deben contar con un especialista en meditación capacitado.

Origines

La meditación es un género artístico que ha surgido de todas las culturas y civilizaciones antiguas. Sin embargo, cada forma tiene su propio lugar, por lo que es un poco diferente.

Una cosa que notarás sobre la meditación es su capacidad para cambiar con la cultura, por lo que encontrarás muchos nombres para diferentes técnicas y estilos. Además, hay muchas aplicaciones religiosas o místicas para la meditación. A medida que medites, descubrirás que cada aspecto tiene un origen y un uso diferente, pero todos se esfuerzan por darte el mismo resultado final.

La meditación, por ejemplo, es el proceso de pensar con una buena cantidad de concentración sobre un tema en el antiguo entrenamiento cristiano del espíritu. Sin embargo, la meditación no tiene importancia en la meditación oriental. En cambio, estás haciendo lo contrario de lo que deberías hacer al pensar en un tema.

El propósito de la meditación de esta manera es liberarte de tus pensamientos y permitir que el silencio te abra. Cuando esto ocurre, tu mente se relaja. Esto se conoce como la respuesta de relajación que su cuerpo presenta en las artes de meditación orientales. No obstante, en las prácticas místicas cristianas, el término contemplación, ya mencionado, se utiliza.

Actividades destinadas a la meditación

Es crucial encontrar una herramienta o un enfoque para iniciar una experiencia de meditación a medida que avanzamos a través de la meditación. Hay una amplia gama de herramientas disponibles para su uso. Las mejores cosas para hacer son las que te permiten relajarte, quedarte quieto y prestar una cantidad pasiva de atención al objeto.

Estos son algunos ejemplos:

• Escucha música suave mientras te relajas en el sofá. En general, acostarse es mejor que sentarse porque permite que todos sus músculos se relajen.

Una de las mejores herramientas para meditar es la oración, que es probablemente la herramienta más antigua y más profundamente utilizada en la meditación. La oración te ayuda a concentrarte. En general, estás callado e inmóvil. Es la posición de meditación más popular.

Un fuego también puede ser una herramienta fantástica para meditar. Una persona puede relajarse por completo sentándose tranquilamente junto al fuego y mirando fijamente. Si está seguro, una chimenea puede ser el lugar ideal para meditar.

- Concentrarse en cualquier objeto individual también puede ser ventajoso. Muchas veces, esto puede ser cualquier cosa en la habitación, donde estés tranquilo y abierto lo suficiente como para relajarte. Puedes hacer esto con cualquier cosa en la habitación, una persona, una escena o incluso el ambiente.

El objetivo de la meditación es encontrar algo para meditar que te permita concentrarte tranquilamente y en silencio en él. Todo lo que te brinda esto puede ser beneficioso para ti.

Preparándote

Ahora que tienes una comprensión básica de lo que significa meditación, puedo brindarte los medios para comenzar. En un minuto, abordaremos eso un poco más. Sin embargo, pregúntate antes de hacer esto.

¿Eres capaz de experimentar completamente la meditación porque estás dispuesto an aprovechar sus ventajas?

¿Puedes tener a alguien que te guíe durante tus primeras sesiones, o tal vez trabaje contigo a través de ellas para asegurarte de que no tengas ningún problema?

¿Tienes alguien con quien quieras aprender a meditar contigo? Esto puede mejorar su experiencia con el proceso.

Ahora estás preparado para profundizar en la meditación. Primero, prepara tu mente para las ventajas que puede brindarte. Los escépticos deberían abandonar todas sus incertidumbres de inmediato.

La medicina moderna

En las últimas décadas, la medicina tradicional ha avanzado significativamente para prolongar nuestra vida, pero es obvio que a menudo abusamos de ella debido a problemas de la vida moderna como el insomnio, el estrés, la ansiedad, entre otros. La meditación puede ayudarnos a llevar una vida más natural y cómoda, como evitar tomar medicamentos innecesarios y sustituirlos por alternativas más naturales e incluso cambiar nuestros hábitos de vida para que sean más saludables.

Hay una variedad de medicamentos disponibles para tratar los síntomas de una enfermedad. Aunque algunos medicamentos son milagrosos, otros limitan la capacidad del cuerpo para sanar. Si tienes una patología grave, es esencial que sigas tomando los medicamentos que te han recetado, incluso si medites con regularidad. Consulte a su médico sobre la meditación. Además, puedes trabajar con ellos para elegir la dosis adecuada. Las enfermedades y la recuperación pueden tratarse con medicamentos naturales o alternativas. Los medicamentos pueden hacer que el cuerpo use sus mecanismos de curación. De vez en cuando, un remedio homeopático puede causar efectos emocionales o psicológicos. El remedio homeopático puede ser efectivo, y podríamos notar que nuestros síntomas disminuyen o desaparecen.

La necesidad de medicamentos puede reducirse con la meditación. Si su colesterol y su presión arterial están disminuyendo, es posible que no tenga que tomar todos los medicamentos que le recetaron para un episodio agudo. Si tus migrañas han desaparecido, puedes dejar de tomar la medicación. Si la meditación ha ayudado con tu ansiedad, también puedes reducir las dosis de medicamentos. No use la meditación para evitar el tratamiento médico. Puede usarse como una adición a la dieta, el ejercicio y los tratamientos médicos, pero no como sustituto de un tratamiento tradicional y siempre bajo supervisión médica.

El corazón y otros órganos del cuerpo pueden funcionar mejor con la meditación. La meditación puede ayudarlo a relajarse más profundamente que dormir. La relajación profunda puede ayudar a sanar el corazón. Numerosos estudios han demostrado que la meditación regular puede reducir la presión arterial, los latidos irregulares del corazón y el colesterol. Esto no depende de la dieta. La curación física y emocional se pueden lograr mediante la meditación. Esto es el resultado de cambiar sus percepciones o, por lo menos, sus reacciones al mundo. En lugar de responder, aprendemos an elegir cómo responder.

¿Por cuánto tiempo es necesario meditar?

No es necesario practicar la meditación durante horas. Incluso si se hace solo durante unos minutos, la meditación puede ser beneficiosa. Según los estudios, la meditación puede aumentar la energía de las personas.

Es posible meditar durante breves períodos de tiempo. La meditación breve pero repetida es mejor que la meditación durante horas. Algunos estudios han demostrado que dedicar diez minutos a la meditación al día es más beneficioso que dedicar una hora a la semana. Es más saludable.

La meditación puede ayudar a cambiar la forma en que el cuerpo reacciona a diferentes eventos. La respuesta de "atacar o desaparecer" puede desencadenar una erupción de adrenalina, un aumento de la frecuencia cardíaca y, posiblemente, una coagulación dc la sangre rápida. Si esta respuesta se mantiene, puede causar estrés e incluso enfermedades cardiovasculares. La respuesta física opuesta a la anterior es la "reacción de relajación". Se ha demostrado que reduce la probabilidad de desarrollar cualquier tipo de enfermedad cardíaca.

Practicar la meditación en cualquier momento que se necesite durante el día puede reducir la tasa metabólica, las ondas cerebrales y la frecuencia respiratoria simplemente cambiando tus hábitos mentales de respuesta en un momento específico. Si estos cambios de respuesta de relajación se convierten en una respuesta automática en caso de necesidad, son muy beneficiosos. Para lograr una respuesta positiva en nuestras reacciones diarias, es necesario adquirir la habilidad de recurrir a la meditación con frecuencia y hacerla un hábito automático.

Recomendaciones Para Principiantes

Si no tenías idea de esto cuando empezaste a leer, ahora lo tienes. El objetivo de la antigua y fascinante práctica del yoga es unir la mente y el cuerpo. Se ha demostrado que mejora la salud, incluida la salud física y emocional.

Pero es importante recordar que antes de comenzar a practicar yoga, debes hacerte algunas preguntas importantes. No hay una respuesta an estas preguntas que sea correcta o incorrecta.

Solo están destinados an estimular sus pensamientos y darle la mentalidad que necesita para tener éxito como estudiante de yoga a largo plazo.

Antes de comenzar cualquier curso de yoga, debe responder an estas preguntas fundamentales:

¿Por qué comencé un programa de yoga? ¿Son objetivos?

¿He recibido autorización médica de un profesional de la salud calificado y certificado para garantizar que mi programa de yoga no me causen dolor si implica algún esfuerzo físico, como algunas posturas de hatha yoga?

¿Tengo una meta clara y positiva para participar en un programa de yoga? ¿Conozco mi objetivo?

¿Estoy dispuesto a dedicar tiempo an aprovechar al máximo mi tiempo de yoga?

¿Hay alguien en mi entorno que intente burlarse de mí por elegir este camino de crecimiento personal? ¿Debo evitar an estas personas o pedirles respeto por lo que hago?

Tenga en cuenta que estas son solo consultas básicas y que esta lista no es completa. El punto es que debes tener una decisión clara y segura sobre probar el yoga.

Y tenga en cuenta que hay muchas formas diferentes de yoga y instructores. Algunos son increíbles; aunque algunos de ellos pueden tener buenas intenciones, pueden no tener toda la base que necesitan para enseñar.

Siempre tenga en cuenta que nunca debe tratarse con falta de respeto, degradación o inferioridad hacia ningún instructor de yoga.

Si se encuentra con uno de cada mil maestros que no tienen el desarrollo personal necesario para enseñar bien, recuerde estas cosas: ¡siempre hay educadores adicionales!

Hacerte sentir seguro, feliz y saludable es lo que importa. Desde el principio, estos estándares deben estar presentes en todas sus actividades de yoga.

Consistencia

Para obtener todos los beneficios de tu práctica de yoga, la consistencia y la regularidad son esenciales. Tiene dolor, tuvo un compromiso inesperado o estaba demasiado estresado para asistir an una sesión y saltarse tres o cuatro.

Para cambiar la mente y el cuerpo, se debe practicar yoga con frecuencia. Manténgase ocupado y elimine cualquier obstáculo real o ficticio. Sus recompensas incluyen una mejor salud, un mejor equilibrio emocional y una vida más feliz y satisfactoria.

Posiciones para principiantes de yoga

Las posturas de yoga son accesibles para principiantes. No hay problema si nunca has practicado yoga o incluso has visto uno.

Si nunca has oído hablar del yoga, querrás saber cómo se hacen estos ejercicios. También se preguntará qué posiciones serían mejores para usted porque recién está comenzando.

El yogismo sostenía la idea de que la mente y el cuerpo eran uno. Esta creencia nunca ha fallado y con el tiempo no ha cambiado. Cualquiera que haya practicado yoga ha aprendido que el yoga es un proceso de sanación increíble basado en la armonía. Puede lograr todo esto con éxito si se encuentra en un entorno adecuado.

Debido a sus fuertes efectos, los médicos creen que el yoga tiene efectos terapéuticos y puede recomendarse para personas con enfermedades difíciles de tratar.

Si su enfermedad ha estado con usted durante mucho tiempo, puede aplicar posturas de yoga para principiantes.

Debes creer que el yoga es bueno para ti y te ayuda a sentirte mejor si quieres hacer posturas de yoga para principiantes.

El yoga no es un estilo de vida nuevo. Se ha pulido y aplicado durante mucho tiempo, y las personas todavía lo están ayudando mucho.

Numerosos estudios han investigado el potencial del yoga para ayudar en la curación.

Como resultado, las posturas de yoga para principiantes se han demostrado extremadamente útiles y efectivas para mantener la flexibilidad de las articulaciones. Los ejercicios de yoga en ciernes son muy básicos, pero puliéndolos una y otra vez, pueden promover un estilo de vida saludable y obtener más beneficios.

Las posturas de yoga son emocionantes y fascinantes para los principiantes. Los ejercicios nunca son difíciles de hacer para los principiantes. La técnica del yoga ayuda an equilibrar los órganos internos y las glándulas. Además, afecta áreas del cuerpo que no se estimulan con frecuencia en la vida diaria.

Puede aprender posturas de yoga para principiantes fácilmente en casa o en una escuela de yoga.

Para principiantes, las posturas básicas de yoga incluyen posturas de pie, posturas sentadas, curvas hacia adelante y hacia atrás, equilibrio y giros. Estas posturas de yoga para principiantes pueden ser hechas incluso por personas que han practicado yoga durante mucho tiempo. La diferencia radica en las posiciones extremas, que se abordan más adelante en la práctica.

La ejecución de las posiciones lleva menos tiempo porque un principiante no puede hacer frente por completo an una exposición prolongada en el tiempo. Necesitas descansar para que tu cuerpo se adapte gradualmente a más posturas.

Como recién estás comenzando, la autodisciplina es lo más importante que debes comprender. El yoga no se limita a mantener una variedad de posiciones. Si aún no conoces los fundamentos del yoga, no saltes ningún paso.

Técnicas para controlar las posturas de yoga Hay una variedad de posturas para mejorar la postura.

Las posturas de yoga tienen muchos beneficios y están destinadas a mejorar la postura.

Es posible que no seamos conscientes de nuestra propia "postura torcida" en el momento. Si tenemos una mala postura durante mucho tiempo y no hacemos nada al respecto, deberíamos anticipar el desarrollo de un hueso completamente deformado en el futuro.

Las posturas de yoga fortalecen los muslos, las rodillas y los tobillos. Si te acostumbras a hacer posturas de yoga todos los días, tus huesos responderán inmediatamente.

Tanto los hombres como las mujeres tienen músculos abdominales y glúteos considerables, se cree. Los abdominales desarrollados son ideales para los hombres porque hacen que sean más atractivos para las mujeres.

Algunas mujeres valoran mucho tener nalgas hermosas, por lo que dedican mucho tiempo y esfuerzo a mejorar esa parte de su cuerpo.

Las posturas de yoga alivian la ciática de manera significativa. Este dolor no se puede prevenir fácilmente. Probablemente nunca experimentará dolor en la espalda o los músculos si practica yoga de vez en cuando, o mejor si lo hace regularmente.

Estos son algunos métodos para mantener una postura correcta en yoga. Para comprender completamente las posturas de yoga y realizarlas correctamente, sigue estos pasos.

Debes pararte con los talones separados y las bases de los dedos gordos de los pies tocando el suelo. Los dedos de los pies y los pies deben elevarse y separarse gradualmente. Luego, coloquelos suavemente en el suelo. Empújelos de un lado an otro y de adelante hacia atrás manteniéndolos firmes.

Levanta las rodillas y contrae los muslos. Al hacer esto, evite endurecer la parte inferior de su vientre. Imagina una línea de energía que va desde la parte interna de tus muslos hasta tus ingles mientras elevas la parte interna de tus tobillos para fortalecer tus arcos internos. Desde allí, a través del cuello, el torso y la cabeza. Sus muslos deben girarse lentamente hacia adentro. Estire el coxis hacia el suelo y levante el hueso púbico hacia el ombligo.

Después de empujar los omóplatos hacia el centro de la espalda, extienda los omóplatos transversalmente y descárguelos por la espalda. Levante el esternón casi sin mover las costillas delanteras hacia adelante. Las clavículas deben estar más anchas. Los brazos deben estar a lo largo de su torso.

Debe poder equilibrar la cabeza en el centro de la pelvis con una garganta suave, una lengua ancha y plana y la base de la barbilla paralela al suelo. Suave los ojos.

Tad Asana es la posición inicial para la mayoría de las posturas de pie. Mantén la postura durante treinta an un minuto y inhala profundamente.

Para asegurarse de que está tomando las posturas de yoga correctas, simplemente siga estas simples figuras.

Es posible que se pregunte si todas las posturas de yoga se practican y aplican. La respuesta es afirmativa. Cada postura está diseñada para ayudarlo a desarrollar su propia fuerza y flexibilidad.

Posiciones sentadas

Estar de pie es una de las posturas de yoga más importantes. En esta postura, el cuerpo y los pies se pueden alinear correctamente.

Ayuda mucho a mejorar y mantener la postura. Esto es beneficioso porque si tiene una mala postura, puede estirarse inconscientemente sus dorsales.

La posición de pie fortalece las piernas y las caderas porque están conectadas. Además, mejora la flexibilidad de las caderas y las piernas.

Estos tipos de posturas de yoga sentado mejoran la flexibilidad de las caderas y la espalda baja. Además, fortalecen la espalda. En consecuencia, la columna vertebral, la ingle, las rodillas y el tobillo se vuelven más elásticos. Además, te ayudan a respirar profundamente, lo que te hace sentir sereno y tranquilo. Este es otro beneficio.

curvas ascendentes

Esta postura fortalece los isquiotibiales y la parte inferior de la espalda. La columna se vuelve más flexible como resultado de esto, lo que alivia la tensión en el cuello, los hombros y la espalda.

Las curvas en la espalda pueden ayudar an abrir las caderas, el pecho e incluso el pecho. Esto puede ayudar a fortalecer los brazos. Además, mejora simultáneamente la flexibilidad y la elasticidad de los hombros. La belleza aumenta la capacidad de la columna y alivia la tensión desde el frente hasta las caderas. Debido a que la médula espinal es una parte importante de su cuerpo, es esencial que la cuide adecuadamente.

Equilibrio

Las posiciones equilibradas son muy desafiantes. ¡Se emocionan demasiado para hacer yoga! Esto es beneficioso porque el placer de la persona le permite vivir su espíritu e iluminar su alma. El equilibrio puede mejorar la postura adecuada.

El equilibrio mejora la atención y entrena la capacidad de concentrarse en un objetivo. Sin embargo, este tipo de pose es imposible de realizar si no dominas completamente tu atención.

El equilibrio es una postura de yoga en la que las personas más disfrutan y se esfuerzan. El cuerpo libera la tensión en todas las posiciones de equilibrio. La tensión en la columna se reduce. Puede parecer difícil dar la vuelta. Sin embargo, para lograr la armonía y el equilibrio, es esencial realizarlo en ambos lados del cuerpo.

Prestando atención an estas posiciones, puedes maximizar tu práctica de yoga. Recuerda que la concentración es el factor más importante si desea tener éxito en estos puestos.

YOGA EQUIPOS Y ACCESORIOS

Como resultado de la creciente popularidad del yoga, se ha desarrollado una industria que se centra en la ropa, los accesorios y el equipo de yoga. Las diversas enseñanzas y posturas de yoga son tan variadas como las tiendas de productos en Internet, que es el verdadero mercado del yoga.

Si alguna vez ha estado en una tienda de artículos deportivos, una tienda por departamentos o incluso una tienda de comestibles, probablemente haya visto a personas felices y tranquilas sentadas en colchonetas o toallas de yoga. De hecho, una persona interesada en el yoga estaría contenta como un niño en un supermercado. ¡El equipo de yoga nunca ha sido más económico en la historia del mercado!

Después de eso, puede ser difícil para usted determinar qué piezas de equipo son más útiles. ¿Cómo puede determinar qué empresas son inversiones que valen la pena? El empaque de todos estos artículos parece mostrar personas tan satisfechas.

Al final, la respuesta an esta pregunta crucial dependerá de tus preferencias y del tipo de yoga que quieras practicar.

No todos prefieren sentarse en una colchoneta, prefieren la firmeza del suelo, por ejemplo. Algunas personas sienten dolor al sentarse en el suelo, lo que puede causar dolor en la espalda y la columna. En estos casos, se requiere una colchoneta de yoga.

Por lo tanto, centrémonos en los diversos artículos fáciles de comprar en lugar de dar recomendaciones sobre lo que debe comprar. Esta información puede ayudarlo a tomar mejores decisiones.

colchonetas diseñadas para yoga

Comienza con la esterilla de yoga famosa. En general, es importante prestar atención a la versión que se ofrece en los supermercados, aunque hay excepciones.

Una buena esterilla de yoga debe tener un fuerte agarre al suelo si tiene que realizar posturas y maniobras complejas. Las esterillas de yoga vienen en una variedad de grosores y son adecuadas para todos los niveles de experiencia, desde principiante hasta avanzado. Los amortiguadores están disponibles en muchas tiendas de yoga. Las colchonetas de yoga también están disponibles para los niños.

toalla estilo yoga

Las toallas son vitales. Es un componente crucial de sus sesiones de práctica. Los modelos superabsorbentes están entre los muchos disponibles.

bolsos para yoga

Las bolsas de yoga están hechas para guardar accesorios como la esterilla de yoga, la toalla y otros. Parecen tener una forma rectangular o casi tubular. La mayoría de los artículos tienen una correa para el hombro y están hechos de diferentes materiales. Hay un montón de nailon. Las bolsas de yoga están disponibles en una amplia gama de precios, desde económicas hasta costosas.

corriendo en yoga

Los practicantes de yoga con frecuencia usan correas de yoga. Estas correas ayudan an extender las extremidades y mantener las poses por más tiempo.

Sacos de arena y estructuras

Además, hay almohadones de yoga y sacos de arena que ayudan an equilibrar el cuerpo y brindan apoyo al realizar posturas, estiramientos y flexiones. Varios colores están disponibles.

Bancos, colchones, sillas

Algunos sitios web venden kits que incluyen un "cojín de meditación cósmica", que se dice que es ideal para su uso.

Además de la almohada de respiración, la silla de meditación tiene un respaldo rígido para apoyo y varios bancos de meditación.

pelotas y pelotas de yoga

El uso de una pelota mejora la fuerza, el equilibrio y la tonificación muscular. Numerosos artistas y fisioterapeutas utilizan estas hermosas pelotas de yoga, que no son costosas. Las bolas más pesadas llegan a pesar hasta 600 libras.

película o DVD de yoga

Las grabaciones de yoga y los DVD son una excelente manera de comenzar a practicar yoga si está estresado por usar todo su tiempo disponible, tiene una perspectiva tímida de tomar una clase pública de yoga o simplemente quiere aprender cómo se pule el yoga.

Los videos de yoga son maravillosos porque puedes verlos una y otra vez hasta que sepas cómo hacer las cosas correctamente.

Música para el yoga

La música de yoga puede mejorar la concentración, la respiración profunda y la duración de las posturas.

El néctar, la fragancia del Oriente, la música lenta para yoga, la música del templo sagrado tibetano, la estación de Shiva, etc.

También hay música de yoga para trance, baile, flujo, cánticos, mantras y libros de audio.

ropa para yoga

Muchas personas quieren usar ropa de yoga para complementar su práctica, aunque no es obligatorio en las clases.

Sin embargo, la mayoría de los principiantes usan mallas y una camisa de algodón suave.

Al elegir la mejor ropa de yoga, obviamente debes considerar si te ayudará a relajarte y sentirte bien.

La ropa de yoga ideal es la que te permite moverte libremente mientras practicas. Deben sentirse bien sobre la piel para evitar irritarla.

La ropa de yoga es un accesorio esencial porque establece un estado de ánimo adecuado. Si no usa la ropa adecuada, no podrá practicar yoga con éxito.

Debe esperar mucho sudor durante la intensa práctica. Aunque algunas personas en realidad no sudan mucho, si lo hace, debe cubrirse con ropa absorbente para reducir el sudor.

Cuando sudas, te sentirás pegajoso e incómodo. ¡No debería ocurrir!

La ropa de yoga no tiene que ser especialmente atractiva, pero es importante vestirse bien. Factores como la confianza en uno mismo afectan la práctica. Si te vistes bien para hacer yoga, te sentirás mejor. Por lo tanto, elige la ropa que refleje mejor tu personalidad.

Camisetas y blusas: al seleccionar una camisa o blusa de yoga, tenga en cuenta primero la seguridad de su rostro. Si planea usarlas, las camisetas no deben ser demasiado largas ni cubrir la parte inferior del cuerpo. Es fundamental realizar un examen de esta zona de la alineación del cuerpo para determinar si las rodillas y los tobillos están alineados correctamente. La mayoría de las mujeres usan sujetadores deportivos para asegurarse de que sus senos estén bien sujetos mientras se estiran.

Pantalones de yoga: elegir los mejores puede ser un desafío. La textura y la superficie de algunos pantalones pueden hacer que no te sientas cómodo. Al elegir pantalones, una cosa a tener en cuenta es el tiempo que tienen. Algunos pantalones se extienden hasta el tobillo. Si se siente incómodo, debe usar pantalones que le lleguen por debajo de las rodillas. Gracias an esto, tendrás la libertad de moverte.

Los pantalones cortos de yoga son una buena opción si practica Bikram Yoga. Este tipo de yoga se practica en un lugar cálido. Los pantalones cortos permitirán que el calor de tu cuerpo se escape.

No es necesario gastar mucho en ropa de yoga. Lo más importante es que te sientas feliz y cómodo.

Otras Formas De Verlo

Como se mencionó anteriormente, el primer paso en la buena dirección es dejar que nuestro cuerpo se relaje mientras meditamos. Sin embargo, no se trata de permanecer sin energía. De vez en cuando, nuestro cuerpo pide que volvamos a la posición de Dogen, entonces tensamos los músculos dorsales y enderezamos la postura. Aunque sea por un momento, adoptar esa postura nos da energía, y es muy deseable que así sea. En el hara se puede sentir esa energía, y es muy agradable. Permanecemos en esta postura sin forzar; hasta que nos sintamos cómodos, no merece la pena seguir en ella. De ahí en adelante, lo único que nos queda es más cansancio y desasosiego. Si creemos equivocadamente que esa postura nos supera, y nos esforzamos por mantenernos erguidos, entraremos en un estado de desasosiego y frustración cada vez mayor, como si estuviéramos empujando un muro.

En cambio, regresar an una postura relajada tiene muchos beneficios. Cuando la tensión desaparece, experimentamos un gran alivio, y esto se evidencia en una larga espiración. No es una expulsión forzada, sino una completamente natural. No es necesario forzar la respiración. Si practicamos shikantaza, nuestra respiración debe ser natural en todo momento y no debemos alterar su ritmo. Sin embargo, debido a la falta de voluntad para hacerlo, es posible que ocurra, lo cual resulta perjudicial.

Se puede concentrar en los latidos del corazón por un momento en lugar de la respiración. Los latidos del corazón se pueden sentir en una postura relajada, especialmente después de espirar, durante el tiempo en que esperamos la necesidad de respirar de nuevo. Sentir los latidos del corazón no es lo mismo que sentir la respiración porque los latidos no pueden ser alterados. La concentración en el ritmo cardíaco es una experiencia muy diferente porque el corazón late a su ritmo y no lo podemos cambiar. No hay que preocuparse; el ritmo no se ve afectado por nuestra atención, por lo que podemos sentirlo todo el tiempo que queramos. Los latidos normalmente dejan de sentirse al inspirar, pero vuelven a sentirse al espirar. Por lo tanto, esta es una forma alternativa de practicar la meditación:

concentrarse en el ritmo del corazón en lugar del ritmo de la respiración.

No debemos prestar más atención a los pensamientos. No debemos intentar influir en ellos, debemos alejarnos de ellos. Eso es una equivocación, pero muchos maestros hacen un gran énfasis en intervenir en los pensamientos. En su libro El Poder del Ahora, Eckart Tolle afirma: "Ser incapaz de no pensar es una enfermedad terrible, pero no nos damos cuenta de ella porque casi todos la sufren y se considera algo normal".

Y luego agrega:

Este ruido mental sin fin te impide llegar al reino de tranquilidad interior que es inseparable del Ser y crea un falso yo creado por la mente, que lanza una sombra de miedo y dolor.

Con todo mi respeto por Eckart Tolle, tengo que afirmar con firmeza que no es así. Eso es falso: el ruido mental incesante no impide encontrar el reino de la tranquilidad interior. Puede ocurrir la tranquilidad interior con o sin sonido, ya que no se trata de eliminar el pensamiento, sino de penetrar en las profundidades de la mente. Si limitamos nuestro pensamiento en lugar de dejarnos llevar por la gravedad y centrarnos en nuestro ser, solo lograremos fomentar nuestro pensamiento aún más.

Tal vez, utilizar el libro de Santa Teresa, Las Moradas, que ya mencioné anteriormente, podría ser beneficioso en este sentido. En las cuartas moradas, cuando el alma comienza an experimentar una experiencia de unión, expresa: "A mi parecer, vi las potencias del alma empleadas en Dios y recogidas con Él, mientras que mi pensamiento estaba desordenado".

En otras palabras, las habilidades del alma se utilizan y acumulan en Dios durante el pensamiento agitado (o ruido mental sin fin). No es necesario que hagamos traducciones constantemente an esa otra forma de expresarnos, ya que queda perfectamente claro lo dicho por Santa Teresa en el lenguaje budista.

Lamentablemente, el error se ha extendido de manera notable y actualmente se atribuyen todos los males del siglo al pensamiento. Todo el mundo reconoce que el pensamiento no cesa. El problema no es pensar, sino querer ir más allá. En teoría, la propuesta de Eckart Tolle para acabar con el pensamiento compulsivo parece increíble. Consiste en observar desde fuera al pensador, no al pensamiento.

La libertad comienza cuando te das cuenta de que eres el pensador en lugar de la entidad posesora. Cuando lo sabes, puedes observar la entidad. ¿Y qué ocurre cuando miras al pensador? Al iniciar la observación del pensador, se activa un nivel de conciencia superior. Entonces empiezas a comprender que el pensamiento es solo una pequeña parte del vasto reino de la inteligencia que hay más allá del pensamiento.

Una estrategia aparentemente sencilla, pero inútil cuando se implementa. Eckhart Tolle afirma que su método de meditación no requiere una postura específica. Aunque recomienda sentarse con la espalda derecha, puede sentarse cómodamente en un sillón. Luego comienzas an observarlo sin pensar en ello. Tolle llama al observador el testigo. Como resultado, somos los testigos en lugar de los pensadores. Y si notamos que surge un pensamiento específico, no solo el pensamiento desaparece, sino que también desaparece la falsa entidad que es el pensador. Esto crea un pequeño espacio de no pensamiento, pero es solo el comienzo. A partir de ahí, surgirán nuevos conceptos y continuaremos utilizando el método. No hay nada más que observar el proceso porque siempre ocurre en el ahora.

Como ya he mencionado, el concepto parece ser preciso. Sin embargo, es solo una idea. Si intenta aplicarla, es probable que se canse rápidamente y lo abandone. Si escuchas an Eckart Tolle en un video y sigues lo que dice, su poder de convicción es enorme. (Me encanta ver sus videos y escuchar sus charlas porque además habla muy bien). No voy an analizar su nivel de satisfacción interna, ya que es algo que nadie, incluso él mismo, puede determinar. Solo afirmo que su método no es una solución universal. Creo que tiene un alcance limitado, como todas las técnicas. Sin embargo, su éxito es enorme, lo que indica que ha establecido una conexión con alguien a quien no le gusta una práctica demasiado formal, como el zazen, sino algo más rápido de aplicar. Comprendo an esas personas y reconozco que la práctica que Eckhart Tolle les enseña es fácil y cómoda. Sin embargo, y sin intención de ofender a nadie, creo que el zazen es mejor.

Plena Conciencia De La Naturaleza.

Usar la naturaleza como una maravillosa inspiración en tu vida tiene mucho que decir. En el invierno, los árboles pierden sus hojas y el clima se vuelve muy frío, pero ¿no es sorprendente que todos estos árboles comiencen su ciclo de nuevo en la primavera, con nuevas yemas y un nuevo ciclo de vida? Observar y usar los sentidos es algo maravilloso. Para este ejercicio, solo te pediré que observes la naturaleza durante todo el tiempo. Observa cómo las cosas cambian y se desarrollan, e incluso puede comenzar a cultivar algo por tu cuenta si te gusta. Una simple tapa de zanahoria, colocada en un platillo con agua, puede producir el follaje más sorprendente.

La meditación no solo te lleva a ti mismo, sino que también cambia la forma en que te relacionas con el mundo que te rodea. Por lo tanto, empieza a notar los cambios de las temporadas o el crecimiento de las plantas, las flores y los cambios en el clima y también puede ver un cambio positivo que abraza la vida. Con frecuencia caminan en un entorno natural y son conscientes de la vista y los sonidos. Llevar un diario de estas visitas semanales an un lugar tranquilo puede ser útil. Puede incluso pasear a tu perro. Nada es difícil de incorporar en tu vida. La diferencia radica en que te concentras en estos con total presencia y uses todos tus sentidos para disfrutar de lo que hagas. La sobrecarga de información, en la medida que ya no escuchamos nuestra intuición, es uno de los problemas que la humanidad está enfrentando en la actualidad. Estarás muy sorprendido de que tu intuición se vuelva más fuerte a medida que te involucras más y más en la meditación. Esto no es porque haya cambios en tu psicología actual, aunque si hay algunos. Es mejor que estés más consciente de ti mismo y de lo que te rodea, lo que te permite conectarte mejor con tu intuición.

Leí un libro sobre criminología que explicaba lo que sucede en un mundo ocupado cuando no escuchas a tu intuición y estás distraído de atender a lo que tu mente está tratando de decirte. A pesar de que los casos en cuestión fueron un poco extremos, es importante destacar que con frecuencia la mente y el cuerpo intentan decirte cosas, y estas pueden estar relacionadas con tu funcionamiento interno o con cómo el mundo que te rodea percibe cualquier tipo de amenaza. La intuición es una herramienta para ayudarte a percibirte a ti mismo, a tu funcionamiento interior y a protegerte contra cosas que de otra manera podrías no haber notado. Te ayudará a desarrollar mejores instintos que te ayudarán a ser más feliz y seguro en tu vida. La meditación es tan importante porque es una buena idea cambiar el ruido del mundo algunas veces y simplemente estar.

Diversas Formas De Meditación

Este capítulo se agregó porque hay muchos tipos diferentes de meditación consciente que pueden ayudarlo a reconocer sus logros, y algunos pueden funcionar mejor contigo que otros. Por ejemplo, si descubres que tienes dificultad para usar el conteo de la respiración porque los pensamientos te invaden constantemente, la meditación de canto puede ser útil porque enfoca la mente en el canto que su gurú normalmente le da. Un canto o mantra es simplemente un conjunto repetido de palabras que pueden no tener significado para ti. El mantra no se centra en eso. El mantra es para ayudarlo an encerrarse en el momento, para que sus pensamientos tengan menos probabilidades de divagar y para que se concentre en su respiración mientras medita.

Meditación en voz alta

El canto Om es el más fácil de recordar porque se usa en general en la meditación en una clase de yoga. Om es simplemente una palabra que cantas cuando exhalas; toma un poco de tiempo acostumbrarte a cantarla. Asegúrese de que el espacio que tiene para meditar le brinde la privacidad que necesita, ya que puede querer hacerlo en privado. La importancia no radica en la profundidad del sonido, sino en el hecho de que el canto ocurre cuando se exhala y se canta a través de labios un poco separados, lo que produce un pequeño cosquilleo en los labios. El tono que elijas para el canto también es algo que puedes decidir según lo que te sienta mejor. Aunque no todos pueden cantar en voz alta, debe ser un sonido que te salga naturalmente cuando tocas algo.

Usando el canto Om, manténgase en la posición indicada y, cuando estés listo para meditar, inhala hasta el número ocho y exhala hasta el número diez, para que puedas seguir el ritmo de tu respiración y ya no tengas que preocuparte por la duración de tu respiración. A continuación, exhala y inhala una vez más, mientras canta la palabra Om hasta alcanzar la diez. Inhala una vez más hasta el número ocho y canta hasta el número diez. Este método de meditación es particularmente útil para las personas que encuentran difícil dejar de lado sus pensamientos mientras meditan porque puede llevar los números a su mente con facilidad. Si tus pensamientos vienen a la mente, solo obsérvalos como amigos pasando y saludándolos en tu mente, porque ahora no es el momento para compartir tu vida con ellos. La concentración en el canto y la respiración será suficiente para mantener tu mente ocupada mientras meditas.

Esta es una excelente forma de meditar porque tu consciencia siempre está en tu respiración o mantra, y tu mantra puede no significar nada para ti, lo que significa que no trae tus pensamientos. Es posible usar muchos mantras, pero como principiante, recomiendo Om porque es el más fácil de recordar. Algunos de los siguientes son relativamente fáciles de recordar y los meditadores más avanzados pueden usarlos.

So Hum, que se escribió originalmente en sánscrito y significa "Yo estoy", es un mantra fácil de recordar. Este mantra es muy simple y puede ayudar an aquellos que buscan una alternativa al Om.

Sa Nam literalmente significa "la verdad es mi nombre". El propósito de este mantra es extender la parte Sat hasta que sea aproximadamente treinta veces más larga que la Nam. Este puede requerir un poco de práctica, pero vale la pena porque es algo que puedes usar mientras meditas o independientemente de la meditación.

Neti Neti, este mantra no debe usarse mientras medita, pero puede usarse cuando quiera eliminar pensamientos que afectan negativamente su vida.

Cuando está meditando, cantar puede ser beneficioso. Sin embargo, tenga en cuenta que los cantos tienen otros propósitos y que pueden ayudarlo an eliminar patrones de pensamiento negativos de su mente. Cuando experimentas pensamientos negativos en tu vida diaria, puedes usar un mantra cantado en silencio para reemplazarlos, especialmente el mantra neti neti, que tiene como objetivo expulsar estos pensamientos.

Por lo general, si practicas la meditación cantada con un gurú, recibirás un mantra personalizado que se basa en el tiempo que dedicas a meditar y el lugar donde naciste, según tu astrología védica o lugar de nacimiento. Sin embargo, cuando practicas la meditación por tu cuenta, los mantras anteriores se integrarán en el uso diario para tratar de concentrar tu mente en el momento en lugar de algún otro tipo de pensamiento.

Meditación sobre la conciencia completa

Dependiendo de tus necesidades, hay muchas formas de hacerlo. Por ejemplo, puedes usar la meditación de la consciencia plena para prestar atención a tu respiración, como se enseña en las clases de yoga, o puedes elegir enfocarte en algo específico mientras medita, como los movimientos de tu cuerpo a medida que respiras o las emociones que surgen de dentro de ti. En cualquier caso, la postura para meditar es la misma que se describió en el capítulo de meditación y te alienta a centrar toda tu atención en la respiración y dejar an un lado los pensamientos del mundo exterior. Si encuentras que tu mente está mejorando, puedes sentir cambios en tu cuerpo a medida que respiras, como el aumento de la parte superior dcl abdomen a medida que el aire entra y el descenso de esta área a medida que el aire sale. Incluso puedes notar cambios en tu temperatura o la posición de tus hombros mientras respiras, así que concentre su atención en la respiración. Antes de practicar regularmente la meditación de la consciencia plena, puedes probar otra forma de meditación que te ayudará a ser más consciente del momento.

En este caso, siéntate en algún lugar tranquilo y coloque tus pies descalzos en el suelo, como si estuvieras meditando. Ahora inhala a través de las fosas nasales hasta el número ocho y exhala hasta el número diez, pero esta vez mantenga los ojos abiertos. Este tipo de meditación puede realizarse en cualquier momento del día, y respirar aire fresco y sentirse más energético será mejor en un entorno natural. Observa tus pensamientos mientras respiras y, a medida que vienen a tu mente, déjalos ir y reemplázalos con algo que tus sentidos puedan sentir, como un olor, un color, un toque o un sonido inspirador. No tomes esta idea en serio. Está en el momento correcto y despierta tus sentidos. Cuando tus pensamientos vienen a tu mente y tratan de invadir tu meditación, simplemente déjalos ir e imagínalos volando lejos como hojas de árbol en otoño.

Este tipo de meditación se usa cuando tiene tiempo de almuerzo o cuando simplemente necesita recargar la energía antes de un encuentro. Es algo que puede hacer con los ojos abiertos, pero es mejor comenzar este tipo de meditación en un lugar tranquilo y sin distracciones. Recuerda que estás celebrando el momento y la respiración en el, con todas sus variantes, y permite que tus sentidos disfruten de la belleza de ese momento.

Meditación con enfoque

Esta forma de meditación se enfoca en tu mente. Puede usar una vela o una imagen inspiradora, pero durante la meditación, debes concentrar tu mente y tus ojos en esta imagen solo. Esto también puede hacerse con una grabación diseñada para ayudarlo a meditar. Esta puede ser musical o tener música de fondo, pero nunca debe hacer ruido o distraerte de tu meditación actual. Es simplemente algo que le da enfoque a tu mente. El punto es que incluso si estás concentrado en una pelota durante este tipo de meditación, verás que esto cambia cada vez que pasa y solo debes mantener tu enfoque en el objeto mientras inhalas y exhalas de la misma manera que lo haces en otros sistemas de meditación. En los templos budistas, a menudo encontrarás una estatua de Buda. También verás áreas coloreadas con pasteles claros y flores de loto. El punto es que estas áreas brindan inspiración para aquellos que buscan meditar.

Comienza a respirar a través de las fosas nasales hasta la cuenta de ocho y luego exhala hasta la cuenta de diez mientras se sienta en su posición habitual de meditación. Sigue haciendo esto hasta que tu respiración sea normal y sepas que puedes mantenerte en ese ritmo incluso sin contar. Después, concentra tus ojos en el objeto que has seleccionado y tus oídos en los sonidos que has seleccionado. En el último caso, puede mantener los ojos cerrados y dejar que la música te absorba mientras respiras. Cuando te acostumbras a meditar de esta manera, toma unos 20 minutos continuar la meditación. Esto puede ser útil para aquellos que encuentran que los pensamientos deambulan fácilmente dentro y fuera de sus mentes o para aquellos que se distraen fácilmente del propósito de la meditación. Recuerda dejar ir un pensamiento que venga a la mente y no está relacionado con la meditación. No es una mala idea tener estos pensamientos. Tu mente no está acostumbrada a la tranquilidad y tomará tiempo. La luz o el aire de la habitación pueden inspirar a algunas personas a crear un lugar especial para este tipo de meditación, y es bueno elegir un lugar que te inspire.

Meditación mientras caminas

Este tipo de meditación será beneficioso para usted en su vida diaria. Ocurre con frecuencia durante el día cuando necesitas hacer contacto contigo mismo para poder concentrarte en lo que está delante de ti o cuando te sientes demasiado estresado. La meditación caminando puede ayudarte, por ejemplo, si estás yendo an un examen o an una entrevista y quieres parecer calmado y sereno. Escoge un lugar tranquilo donde no haya mucha gente distraída. La idea es hacer giros razonables y, mientras lo haces, observar los movimientos de tus miembros al ritmo de la respiración. Mi recomendación para este tipo de meditación es inhalar hasta la cuenta de siete y exhalarse hasta la cuenta de ocho. Es probable que no quieras estar tan relajado que no puedas mantenerte a ti mismo. Siente el ritmo de tu respiración mientras levantas tu pierna del suelo mientras inhalas. Siente el ritmo de tu pie mientras exhalas mientras mueves el otro pie. Al exhalar, mueve el segundo pie del suelo y observe el movimiento de los músculos de tu pierna a medida que te mueves.

Es posible que se pregunte cuán efectivo es hacer esto. La razón es que debes aprender a respirar en armonía con los movimientos de tu cuerpo porque esto te permite ser más consciente de ti mismo y menos atento a los problemas que rodean tu vida. Estas en contacto con este momento del tiempo y estas efectivamente meditando en la misma dirección a medida que sigues tu camino y respiras y observas de esta manera. Pero hay una advertencia: debes mirar hacia abajo para evitar un mal paso. Eso es completamente tolerable. Para este tipo de meditación, la mejor superficie es un suelo plano porque no tienes que preocuparte por tropezarte o caerte y no tienes que prestar atención a cosas externas como la pendiente del camino. Todo se trata de internalizar y estar presente mientras te mueves adelante y respiras mientras lo haces.

Meditación tanto en el trabajo como en el viaje

Puedes pensar que meditar mientras trabajas o viajas es imposible, pero podrías estar equivocado. La meditación mientras trabaja o viaja es beneficiosa para muchas personas que practican la atención plena. ¿Alguna vez has tenido tiempo para esperar entre vuelos en un aeropuerto? Las oportunidades que tienes y que puedes consentir en observar o incluso comer a las personas son solo para pasar el tiempo. Los aeropuertos tienen muchas distracciones como tiendas y restaurantes porque saben que las personas que pasan por allí tienen tiempo y pueden ganar dinero. Sin embargo, nada te impide encontrar un lugar tranquilo y aprovechar este tiempo para adquirir claridad y tranquilidad mental. Aunque viajar puede ser agotador, puede descubrir que la atención plena y la meditación pueden ayudarlo a pasar el tiempo de manera productiva incluso mientras está en el avión.

Cuando aprendes primero a meditar, tiendes an ignorar todas las distracciones, pero a medida que te vuelves más experimentado, puedes usar eso en cualquier lugar, simplemente alejado del ruido y respirar profundamente. ¿Cómo funciona esto en el trabajo o en el viaje?

No hay nada que te impida meditar y usar la respiración para estar en el momento tan pronto como tu equipaje esté seguro junto a ti y no estés preocupado por las cosas. No es necesario que cierres los ojos. De hecho, es posible que sea beneficioso ser consciente de cómo se mueven las cosas alrededor de uno en una situación como esta. Sin embargo, trata de concentrarte en algo para evitar ser distraído por todos los sonidos y movimientos que te rodean. Incluso en un ambiente ocupado, puedes usar este punto focal para mantener bajo control tu respiración y tu mente. Sintiendo el aire entrando en tus pulmones, inhale a través de las fosas nasales hasta la cuenta de ocho. Luego exhala hasta diez veces, sintiendo el aire que sale de tus pulmones y descubriendo cómo salir de tu cuerpo. Como te dije al inicio de esta expedición. No es una cuestión de concentración. Estar es todo. Puede estar en cualquier lugar en cualquier momento, incluso mientras viaja o trabaja.

Un tipo de meditación útil para el lugar de trabajo es la meditación caminante. En este caso, puede ayudarlo an aclarar su mente. Incluso si no puedes salir al parque o algún lugar similar, no hay nada que te detenga de usar el corredor en el trabajo y respirar al mismo tiempo con los movimientos de tus pies desde el suelo y solamente respirar. Por lo tanto, la meditación es algo que puede hacer en un lugar de trabajo ocupado, simplemente respirando de la manera correcta, posturándose correctamente y permitiéndote pensar en silencio. De vez en cuando, puede usar esto para evitar la negatividad. Si te encuentras en una situación conflictiva, puede ser mejor disculparte y alejarte de ella e ir an un lugar privado a meditar por un momento. Estás mejor equipado para manejar una situación negativa de manera positiva. Sin juzgar, la meditación limpia tu mente y te recuerda la importancia de la respuesta.

Mantener La Inspiración.

Como te dije, los primeros días serán difíciles y puedes incluso sentirte como si te rindieras, pero también coloca tus pasos con ejercicios de respiración para ayudarte a sentirte más sabio con tus obligaciones. La humildad te dice que lo que importa es la conciencia que le pones a cada día de tu vida, no eres tú. También explique cómo la mente retiene hábitos, y cuando la meditación se vuelve un hábito, al final del día te preguntarás por qué no despertar y comenzar con esto. Cuando cambias a la meditación con un propósito y la conviertes en un hábito, es algo que me ha sucedido a mí y a muchos de mis estudiantes. Si puedes mantenerla y si necesitas motivarte a ti mismo, no hay nada malo en mantener un diario optimista donde escribas todas las cosas por las que estas agradecido en tu vida y para recordar cada mañana. Es una experiencia que abre tu visión maravillosamente. Además, puede guardar anotaciones inspiradoras sobre el tema de la meditación en su teléfono inteligente y usarlas para guiarte en la mejora de su vida y llevar la meditación incluso en momentos en los que no sientes realmente.

Algunos estudiantes me han preguntado cómo saber cuando están bien. En realidad, lo estás haciendo. La meditación te ayuda a sentirte más presente en tu vida, incluso si tus pensamientos todavía están presentes. Aprendes an aceptarlo. Al aprender an estar en el presente en tu vida, la forma en que respondes an otros cambiará así como tu perspectiva sobre tu lugar en el mundo. No puedes decir exactamente cuándo comenzó todo bien. Es solo una parte del procedimiento. Tanto como no preguntarás si estás respirando correctamente porque, aunque estás vivo, sigues siendo. No debes cuestionar tu habilidad porque no hay una habilidad relacionada con ella. No necesitas cuestionar si estás haciendo las cosas de buena manera; tan pronto como sigas las instrucciones, vistas la ropa correcta y mantengas la espalda derecha, estás encaminado a hacerlo bien. Si tarda un poco en sentir que la meditación te ayuda, es posible que sea debido a que estás juzgando demasiado tus propias acciones. Por lo tanto, es necesario pasar un poco más de tiempo en consciencia plena y estar atento a lo que te hace juzgar para que puedas sacar un juicio de tu panorama. Para el primer mes hasta seis semanas de meditación, intente motivarte a ti mismo, y esta se volverá natural para ti, como limpiar tus dientes o llamar a la naturaleza por la mañana. Todo lo que haces mientras lo haces indica que eres más consciente de quién eres y cuál es tu parte en la vida. Incluso si no notas una gran diferencia en las primeras dos semanas, la meditación te ayudará a hacer eso, tomar decisiones y sentirte mejor acerca de tu vida.

La meditación de acuerdo con los

Los Sutras de Yoga de Patanjali

Me acercaba a la edad de sesenta años. No conocía a nadie que supiera nada sobre yoga en ese momento. Solo sabía que el yoga implicaba sentarse. Visitei una librería para ver si podía encontrar un manual. Encontré un libro de Ernest

Wood que incluía algunos ejercicios respiratorios y seis formas distintas de sentarse. Encontré otro libro de Abbe Deschanet llamado "Yoga Cristiano" en otra librería. Me demostró que el verdadero yoga, tal como se practicaba por primera vez, no constituía una amenaza para mis creencias cristianas o cualquier otra creencia. Descubrí que la práctica del yoga me ayudó a superar las migrañas y el insomnio a nivel físico y mental. Las técnicas de meditación y la gimnasia mental están disponibles. Me interesaba mucho la meditación, pero descubrí cuán difícil era encontrar un instructor.

Con estas palabras comienza Vyn Bailey, un sacerdote católico y discípulo directo de Swami Dayananda Saraswati, quien falleció en 2005 en Australia a la edad de 91 años.

Meditación Yoga

Vyn Bailey, mi comentarista preferido de los Yoga Sutras, es la fuente de este libro. Según Patanjali, solo eligió 59 de los 195 Sutras para presentar lo que él cree que es la esencia de la meditación. Los examinaremos en su orden original. Patanjali creó esta lógica secuencia y su enumeración. Hay saltos en la lista de Sutras porque se han seleccionado solo algunos de cada uno de los cuatro capítulos del trabajo del sabio. Pero será posible comparar la traducción de Vyn Bailey con otras de otros comentaristas al tener a mano la enumeración de los Sutras de acuerdo al texto original.

Cada Sutra tendrá sus letras escritas en sánscrito. Después, el mismo Sutra en letras regulares. La traducción inicial es la de Vyn Bailey, seguida por la de B.K.S. Iyengar, la de T.K.V. Desikachar y, finalmente, la interpretación personal de mi amigo Alberto Villoldo.

La economía total de palabras es la característica principal de un Sutra. No se ha empleado ninguna palabra innecesaria. Patanjali empleó un estilo literario que fue muy popular en la India durante cientos de años al usar los "Sutras", o aforismos (afirmación concisa de un principio científico, según el diccionario). Este estilo facilitaba la memorización, lo que era una de sus principales ventajas. La principal desventaja de escribir en Sutras, sin embargo, es que un aforismo puede tener dos o más significados. Por esta razón, la traducción del aforismo palabra por palabra no siempre es suficiente para comprenderlo por completo.

La primera parte de este trabajo, "Yoga", divide el yoga según Patanjali en dos partes. El contenido de la primera sección, "La esencia del yoga", te parecerá un tanto teórico: qué deberíamos saber sobre yoga, su necesidad y sus objetivos. Como su nombre indica, la segunda sección, "Práctica de yoga", es más práctica. Se refiere a cómo deberíamos hacer yoga y cómo deberíamos hacerlo.

La segunda parte de este trabajo "Meditación" cambia el enfoque hacia la meditación misma y se divide nuevamente en dos secciones. La primera, "Un estilo de vida conducente a la meditación", describe cómo vivir para poder meditar con éxito. En la segunda sección, "La técnica de meditación", se explica cómo meditar enfocándonos en lograr un estado en el que cada movimiento de la mente está suspendido o inmovilizado. Con el tiempo y la práctica, esto nos llevará, según Vyn Bailey, a nuestro objetivo final de unión, libertad e independencia.

Es probable que algunas personas prefieran no perder el tiempo y prefieran ir directamente a la "Técnica de Meditación". No hay nada negativo en este asunto. Sin embargo, si no lo hace, el análisis de las secciones mencionadas nos dará una idea clara.

La verdad, la voluntad y la vida

La base natural de estar en el aquí y en el ahora es la simultaneidad de estas tres ideas.

La vida nunca depende del tiempo, sino que funciona con él. Las ideas que se enfocan en el tiempo parodian la verdad y las ideas que parecen existir entre la vida, el tiempo y la voluntad para hacer algo en la vida parecen ser lo que conocemos en este mundo y hacen que esta idea sea lo suficientemente "vivificante", pero enfocada en "lo natural del tiempo".

La creencia en el principio temporal de la vida fomenta la idea de voluntad para encontrarse justificada en la verdad y utilizarlo en el tiempo (y es como si estuviera ese encuentro hacia el futuro con la frase "Hay un mañana mejor").

Por lo tanto, las respuestas que proporcionan conceptos de una verdad que pueda satisfacer cualquier aspecto de la voluntad dan la impresión de que se está experimentando; sin embargo, esto es temporal.

Como bien sabes, el tiempo es el espacio que existe entre causa y efecto, y lo hemos expresado no solo como el aspecto ilusorio de la realidad, sino como aquel que se extiende en espacio, como el tiempo. Cuando la causa y el efecto están separados, la luz solo se percibe como materia y es solo un aspecto que oculta la voluntad, su vitalidad y verdad, de manera tan variable e indescifrable (ilusorio) que termina siendo una voluntad en contra de la verdad, opacando así su vitalidad y terminando en el espacio carcomida por su voluntad final.

Si la vida se beneficia del tiempo, también lo hace la materia y su propia desintegración.

Este mundo que se ha proyectado desde la luz y se ha convertido en materia debido a la distancia entre la causa y el efecto, se dedica a la falta de voluntad y la negación de la verdad. Por lo tanto, está promoviendo permanentemente un estado inercialmente desgastante pero "lógico". Si cambias esta triada perfecta (no pensada en presente ni en luz), se crea una visión de un mundo del pasado que es lógica pero engañosa.

¡El fin!

Es por eso que en este mundo es difícil mantener una verdad que dé vida a la voluntad, ya que la voluntad está sometida al tiempo y la materia.

Se podría decir que las palabras verdad, vida y voluntad se utilizan en absoluto para referirse a la mentira, la muerte y el agotamiento.

Cuando la vida aparece en este mundo como materia, demuestra una gran y casi total voluntad, una belleza divina y una luz poderosa. Su percepción muestra la vitalidad de esta, que está presente en toda la vida, reflejada en la sonrisa y los ojos de una vida inocente y llena de gracia.

La vida no se puede comparar con nada relacionado con su propia negación, pero para nosotros en el tiempo esta comparación se acostumbra como una voluntad normal, y es tan común que consideramos antinatural que la vida sea para siempre ese brillo perfecto de la luz de lo que es inocente y que siempre estará presente. Es decir, algo que no tiene nada que ver con el tiempo, algo que no tiene nada que ver con la falsedad, algo que nunca niega su experiencia tal como es, es para nosotros, como receptores y emisores, juzgar a lo largo del tiempo, eso que realmente tiene que ver con que aquello que es, no es porque solo lo vemos condicionado en el tiempo.

Debido a la forma en que la materia se utiliza con el tiempo, termina en polvo.

Por lo tanto, determinamos quiénes somos en la "verdad". Y debido al gran esfuerzo que realizamos para mantener una idea tan impresionante, lo denominamos como "deseo".

La dedicación a la ilusión en el tiempo debido a la falta de luz en el presente produce una "iluminación" temporal a su manera: somos vanidosos al creer que vivimos con la gran verdad, como si ese gran esfuerzo de voluntad y vida nos iluminara... y pensamos que si lo hacemos de otra manera, no mereceríamos vivir, ya que no tiene las condiciones de esa voluntad y no puede ser verdad.

Sin embargo, esa es la definición de nuestra existencia en el espacio-tiempo:

luchar (ejercer la voluntad) en el tiempo espacio, ya que la materia se convierte en lo real al dedicarle "nuestra voluntad" (ejercer la idea de verdad), pero cuando nosotros no estemos presentes, su realidad volverá inevitablemente al polvo (eso es ejercer con toda la ilusión "la vida").

Por lo tanto, en este mundo, estas ideas de verdad, voluntad y vida son básicamente un completo esfuerzo inconmensurable que crea la distancia precisa entre la materia, el espacio y el tiempo, como la ausencia de luz.

Esta vida que se desarrolla en este lugar es la ausencia de la voluntad lumínica, ya que no estamos en el momento de la verdad que se elige en el presente, no en el tiempo.

En nuestra línea de tiempo basada en el pasado, en la que vivimos este presente, nos negamos a cambiar cómo lo vemos allí sin el pasado, ya que creemos que sin él dejamos de existir y no podemos ejercer nuestra voluntad debido al vacío del presente, lo que nos llevaría a perder el sentido de esfuerzo en esta "vida", ¿y qué es eso sino morir?

Sin embargo, lo que estamos dejando atrás es exactamente lo contrario. A la vida.

Sin embargo, si no se piensa en el mañana libre de lo que sucedió ayer, quedarás en un limbo.

Entonces, vayamos con la verdad.

Gracias a nuestra voluntad, podemos comprender que la vida es la única experiencia real en el presente, donde la luz libera al tiempo y la materia se libera como una onda expansiva y unificada con la voluntad universal. Podemos decir que la verdad es la vida.

No se utilizan palabras para expresar esta frase, sino todo su ser. y ese ser se comunica con cada ser, y cada estado vibra con el todo.

Esto es voluntad, esto es vida porque es verdad y solo la verdad actúa sobre la vida, liberándola por su voluntad; por lo tanto, solo la voluntad existe cuando la vida está presente.

Aunque este sueño de tiempo espacio es una negación, nos permite recuperar nuestro poder y nivel natural al tomar la visión natural y volvernos al punto más alto. En este regalo que nos hemos dado en este momento, como tiempo espacio, aparentemente está condicionado por nuestra voluntad, estamos viviendo una "idea de la verdad" que puede ser una mentira sosteniendo una "vida" que parece ser mortal, ¿por qué?

¡Para seleccionar una línea de tiempo clara!

¡Un punto de referencia en la vida!

¿Un cambio de la materia hacia la luz?

¡Qué sorpresa!

¡Un momento presente alegre y completar este universo! ¡Que sea nuestro deseo!

****

¿Qué cosa más hermosa podría asegurarnos que esto no es la verdad en ese lugar íntimo y perfecto donde nos unimos a la vida, que es nuestra verdad, porque somos la vida?

¿Qué más es digno de compartir que lo que es la vida, mi voluntad de poder y la tuya, amar a todo ser que vive en mi ser y con mi ser?

Sin embargo, cuando no lo recuerdo y solo cuando no disfruto de toda la vida y la verdad, es porque creo que no tengo una voluntad que decida y argumente que mi verdad es una sola, personal y separada de la voluntad. ¿Esto te da vida?

¿Y en este pensar que el tiempo y el espacio son distintos de uno mismo, al igual que la causa externa de la vida, la verdad y la voluntad son distintas de la mía? ¿Es esto cierto?

Como resultado, no ejerzo mi derecho a ser un hijo de Dios al permitirme negarme y creer que esto (cualquier cosa del tiempo y el espacio) es la voluntad de Dios en lugar de la mía.

Es un gran sacrificio aceptar cualquiera de los dos puntos de vista y creer que tanto uno como el otro son verdaderos.

La única verdad aquí es la voluntad de la vida que nos une y se nombra: la voluntad del amor de Dios. Nombrarlo significa poseerlo, pero si realmente somos parte de él, es aceptarlo; no en conceptos, sino en el reconocimiento de que lo hemos negado de manera precisa en las palabras.

Este aceptar despliega la voluntad de tomar la verdad con las palabras, las emociones y los sentimientos para que sea la vida que expresamos por nuestra voluntad de querer expandirse, y se dice ya en las palabras que se expresan con plenitud, porque esa es la manera de ser de la voluntad: en plenitud y en totalidad.

¿Quién puede lograrlo en el espacio y el tiempo, en medio de la oscuridad y la incapacidad?

Es un regalo saber que no estás en lo cierto y que puedes elegir, aquí y ahora, un nuevo punto de vista, y la línea de tiempo surgirá para la totalidad de esa idea cuando se acepta con verdad, voluntad y vida.

Te amo por eso y mi voluntad es hacerlo completamente; te bendigo por eso y la verdad lo revela completamente. Debido an esto, existo y mi vida se extiende completamente, ya que en este conocimiento puedo reconocer que estoy conectado con la vida. Hoy es el día de la resurrección, la verdad y el ejercicio de la voluntad con el poder del corazón. Realizar mi voluntad.

Y solo puedo llegar allí orientándome hacia la suficiente pureza y humildad para poder vivir plenamente en gratitud a la vida que me creó.

Debido an esto, quiero compartirla contigo extendiéndome como receptor de ella y a ti como receptor de la mía. ¡De acuerdo! Por lo tanto, somos emisores de la unidad santa trinitaria.

¡Cómo despertarme en ti para cantar y bailar contigo, para sentir la vitalidad de tu alegría y tu sonrisa! ¿Acaso mi vida es descubierta por tu voluntad?

¡Que Dios te bendiga!

Un Sueño Tranquilo.

El día tiene 24 horas, de las cuales aproximadamente un tercio, o 8 se dedican al sueño, lo que significa que solo se viven 20 años en el mundo físico de cada 30 años de vida. Por lo tanto, si no se puede aprender a manejar los recursos mentales también en el mundo de los sueños, los 10 restantes se han desperdiciado o al menos se han gastado en un estado de inconsciencia.

Primero que nada, debemos pensar que el mundo onírico es tan real como el mundo físico, cada persona lo vive y lo experimenta. Definirlo como fantástico es incorrecto, pero puede serlo hasta que se cambie la forma de vivirlo.

Se debe trabajar constantemente a través de ejercicios a realizar en el mundo físico para poder acceder an este estado de conciencia del mundo onírico; estas actividades a realizar deben convertirse en verdaderos mantras que se deben repetir tantas veces como sea posible a lo largo del día. El propósito de estas repeticiones no es simplemente recitar una oración para pedir un don celestial; es exactamente lo contrario, tomar conciencia de estar constantemente en el mundo físico. La repetición de estos ejercicios crea un hábito que también se utilizará durante la fase de sueño en el mundo onírico.

Esta es la base teórica sobre la que trabajo, ahora veamos cómo funciona en la vida real. Empezaré hablando de mis experiencias personales.

Una noche, mientras hacía flexiones en la barra, mi amigo apareció y comenzamos a conversar. Mi entrenamiento continuó durante la conversación hasta que comencé a saltar. Mi amigo me preguntó cómo podía saltar tan altos en ese momento, y no solo saltaba casi hasta tocar el techo de la habitación, sino que también me quedaba suspendido en el aire en total ausencia de gravedad. Descubrí que podía hacer esos ejercicios porque no estaba limitado por mi cuerpo físico y estaba en el mundo onírico. Esta revelación me despertó con entusiasmo. Volví a quedarme dormido cuando estaba en el medio de la noche. En la mañana siguiente, llené toda la casa de tarjetas de notas, en cada una de las cuales había escrito: "Acércate y pregunta: ¿estás despierto?" ¿O estás dormido? Los colgué por todas partes y saltaba cada vez que leía uno. Esta fue una clave que me ayudó a desarrollar un hábito de repetición en el mundo físico como un mantra que me ayudó a despertar en el mundo onírico varias veces. De hecho, durante un sueño, me encontré repitiendo repetidamente ese hábito que había creado en mi vida, comprendiendo que mi mundo no era físico sino onírico.

Desde el inicio del libro, he mencionado una variedad de temas sin entrar en detalles sobre cómo abordarlos, animando al lector an investigar por sí mismo. Esto es parte del proceso de tomar conciencia del sueño. Para mí, cada uno de los temas que mencioné son motivos para estudiar y profundizar más. Junto al monitor del computador desde el que realizo la investigación, tengo un post-it que pregunta: "¿Estás estudiando en el mundo físico?" Siempre debes recordar que estudias para tomar conciencia del mundo onírico.

La clave que me permite, cada vez más, acceder a los sueños claros es la repetición constante, casi obsesiva, encaminada a recordar siempre de qué lado del mundo estoy.

Cada lector tendrá que encontrar sus hábitos para aplicar este mantra de conciencia. Si sueñas con situaciones recurrentes, intenta experimentarlas también en el mundo real para tener un parámetro que te permita distinguir entre los dos mundos. Por lo tanto, si sueñas con cocinar con frecuencia, llena la cocina con post-it y recuerda que estás cocinando en el mundo real.

La observación es la segunda clave para entrar al mundo de los sueños. Todos tenemos nuestra voz resonando en nuestra cabeza hablando constantemente, ordenando ideas, sugiriendo cosas que hacer, recordando situaciones o diálogos cuando estamos solos. Una buena técnica para acceder al mundo de los sueños es silenciar el yo hablante y seguir observando con atención el lugar donde uno se encuentra en ese momento. Cuando lo hago, la primera pregunta que me hago siempre es: "¿En qué mundo estoy?" ¿Física? "¿O el sueño?", Después de analizar lo que me rodea, en caso de estar al aire libre, posiblemente en un parque, me acerco an una planta y observo sus detalles pensando en lo que estoy viendo: "este es el tronco, de aquí se desenrolla una rama, luego hay una hoja...", hasta que finalmente encuentro la respuesta al objeto hacia el que me detengo. Claramente, lo que se percibe en el mundo físico siempre tiene una definición clara, mientras que en el mundo onírico puede ser desfocado o cambiante. Para continuar estudiando el mundo onírico, es fundamental observar.

La conciencia del sueño con frecuencia se transforma en un estado de euforia que provoca el despertar físico, por lo que es importante que haga un análisis del entorno en el que se encuentra tan pronto como se da cuenta de que está soñando. Tener un primer punto de anclaje en el mundo onírico te permite mantener el cuerpo en estado de sueño y la mente en estado de vigilia durante más tiempo.

En medio de un sueño, cambio el lugar donde estoy por emoción, como si tuviera poderes mágicos, y al no controlarme, aumento mi estado de euforia, lo que me lleva al despertar físico.

En resumen, debes adoptar hábitos voluntariamente en tu vida física para que se repitan constantemente y obsesivamente. Luego, estos hábitos también se experimentarán en tu vida onírica, lo que permite a tu mente distinguir entre los dos mundos.

Debido a que la repetición conducirá an una evolución en este caso, repetí deliberadamente una serie de términos para iniciar el proceso de repetición en el lector.

Para lograr el objetivo, es fundamental que cada lector se convierta en un maestro de sí mismo. Este es un camino en el que quien enseña solo puede mostrar el camino pero no puede llevar a quien quiere aprender de la mano y acompañarlo paso a paso. El maestro solo debe ser un ejemplo o una inspiración; nunca debe actuar en lugar de los estudiantes. No me considero un maestro porque todavía tengo mucho por aprender, pero puedo compartir mi experiencia con cualquiera que tenga curiosidad por este tema, y es lo que estoy haciendo.

Om Gam Ganapataye Namaha: Meditación Guiada

Este mantra aumentará la gratitud, la abundancia y la fortuna en tu vida. Además, funciona para eliminar obstáculos. Para obtener beneficios, repite este mantra todos los días.

El mantra te ayudará a silenciar esos pensamientos repetitivos y ansiosos que aparecen y desaparecen a diario. Este mantra te ayudará an enraizarte en el presente si eres una persona ansiosa, que le gusta pensar en el futuro o que vive en el pasado. Tomar el tiempo para despejar su mente y reemplazarlo con este mantra puede llevarlo an un lugar mental más seguro. La esperanza es que esté preparado para enfrentar lo que tenga delante una vez que haya terminado sus repeticiones.

Apelar al chakra raíz también significa elegir alinear nuestros cuerpos, y eso debería mejorar la circulación sanguínea y el metabolismo para mejorar la salud física. Puede estar firmando un contrato comercial significativo o comenzando un nuevo trabajo. El mantra "Om gam ganapataye namaha" funciona bien porque bendice nuevos comienzos y alivia los miedos de una situación inesperada.

¿Cuál es el contexto? El mantra "Om gam ganapataye namaha" es excelente para conectarse con la tierra. La espiritualidad, claro, no es para todos; sin embargo, para convertirse en la versión más consciente y equilibrada de uno mismo, es necesario hacer algo de trabajo preliminar. Los mantras son buenos para despejar la mente y estar presente, y om gam ganapataye namaha hace que te sientas mejor. Por lo tanto, comienza con un canto. Observa lo que sucede. No podría ser peor que decir: "literalmente, ni siquiera puedo".

Se ofrece una meditación guiada. SAT NAM

Este mantra es muy poderoso; te ayudará a conectarte con la verdad dentro de ti y te dará coraje para enfrentar cualquier tipo de circunstancia. Porque SAT significa verdad y NAM significa llamada, estás llamando a la verdad y al propósito de tu vida. Kudalini Yoga utiliza este mantra muy poderoso para despertar una energía muy poderosa. Descubrir la verdadera razón de tu vida y llamar a la abundancia te ayudará a comiences a apreciar cada momento de tu vida, cada momento que pasa. Podrás comenzar a vivir en el presente y esto te ayudará a comiences a apreciar cada situación y cada momento.

Cuando te alineas con la verdad, SAT, todo tu ser vibra y NAM, o tu destino, llega a ti.

Siéntate en un lugar cómodo para comenzar a meditar. Si tu mente está agitada, no te preocupes; deja que tus pensamientos surjan y observalos. Comienza an inhalar y exhalar, inhalando y exhalando de manera profunda. Si tu mente comienza a divagar, no te estreses ni te frustres; en lugar de eso, concentre tu atención en tu respiración. Recita este mantra durante cinco minutos mientras comienza a repetir SAT NAM. SAT NAM sigue retrasado, con seguridad. Exhala y respira.

Disfruta de este momento ahora. Comienza tu día abriendo los ojos. Estoy agradecido por haberte dado este momento. Recuerda que puedes inhalar y respirar profundamente si en algún momento del día te sientes malhumorado o sin paciencia con alguna situación. Esto te calmará tanto el cuerpo como la mente.

Meditaciones de Zen

Es una meditación tradicional del budismo que se remonta a la dinastía Tan en China en el siglo 7. Esta disciplina puede ser practicada por principiantes o por expertos. Una de sus ventajas es que ofrece una perspectiva sobre cómo funciona nuestra mente y ayuda a combatir el estrés y la ansiedad. Desarrollar la claridad y la habilidad interna para trabajar con la mente es su objetivo principal. La meditación Zen es una forma de despertar la mente.

La meditación Zen busca las causas fundamentales de la infelicidad y la insatisfacción que todas las personas han experimentado alguna vez, en lugar de proporcionar soluciones temporales a los problemas de la vida. Esto se logra a través del verdadero entendimiento.

Esta meditación también incluye mudras y posturas al sentarse (es decir, poner las piernas cruzadas al sentarse en el suelo).

Meditación Minoridad

Más que todo, es una adaptación de la meditación budista tradicional, pero tiene una gran influencia de otras tradiciones, como el budismo zen. En el Occidente, la atención plena es muy conocida y es realmente el Anapansati, que se enfoca en la respiración. Cuando hacemos esta meditación, nos concentramos deliberadamente en el presente para aceptar y no juzgar a través de comprender cómo se desarrollan nuestras sensaciones, pensamientos y emociones. El objetivo de esta estrategia es prestar atención a lo que está sucediendo en nuestra actualidad sin perder la idea de nosotros mismos.

Este método reconoce que a veces nos distraemos, pero debemos hacer el esfuerzo por ser amables al reconocerlo y prestar atención a nuestra respiración; el objetivo es notar nuestras sensaciones y pensamientos y simplemente estar alerta a la presencia.

Esta técnica también puede aplicarse a la vida diaria, siempre y cuando estemos atentos a lo que está sucediendo en el presente para evitar vivir en modo automático. Debemos comprender la importancia de practicar esta técnica con dedicación y durante nuestra rutina diaria porque ambas son cruciales.

Debido a su facilidad para comenzar la meditación y a su enfoque en el bienestar físico y mental, esta práctica se convierte en la mejor opción. A pesar de que esta técnica es muy popular y aceptada en la actualidad, está un poco alejada de lo que realmente son las técnicas orientales porque se ha vuelto una adaptación de las prácticas budistas a la sociedad occidental moderna. No obstante, es importante destacar que puede generar una gran cantidad de beneficios que transforman profundamente.

El enfoque de la atención plena se considera el punto de partida de varias técnicas de meditación.

Existe una filosofía de vida basada en el concepto de vivir en el aquí y el ahora, más allá de las técnicas específicas utilizadas en la meditación. Y es que, aunque algunas personas entienden la atención simplemente como algo que deja fuera información sobre lo que ocurre en el presente, la filosofía de la atención plena considera el foco atencional como algo cuya gestión nos permite liberarnos de situaciones que nos bloquean y nos hacen perder el control.

En última instancia, evitar las ideas obsesivas es una forma de pensar y sentir más libre y consistente. Hay recuerdos y sensaciones desagradables que tienen la capacidad de volver a nuestra consciencia una y otra vez, pero saber estar en el presente es una manera de distanciarse de este tipo de experiencias.

Metodos de meditación hindúes

Estas meditaciones se basan en mantras, una palabra sanscrita para sonidos que, según algunas creencias, tienen un poder espiritual. Tanto en el hinduismo como en el budismo, los mantras se utilizan y se cree que tienen un efecto psicológico porque pueden ayudar a reforzar un pensamiento.

La vida y las prácticas de los practicantes de la meditación hinduista o hindú están influenciadas por elementos religiosos y espirituales.

Podemos categorizar la técnica de meditación hindú según su enfoque:

Como ejemplo El método de la vela consiste en visualizar un lugar oscuro y encender una vela mientras nos concentramos en ella mientras nos relajamos a través de la fijación de la vela en la llama y dejar que el movimiento de la vela nos permita relajarnos. Recuerda que todo esto ocurre en la mente, por lo que debemos mantener nuestros ojos cerrados y concentrarnos en respirar.

Dhyani Mudra nos permite eliminar el estrés y renovar la energía a través de la relación de este momento; para hacerlo, debemos relajar nuestras manos en nuestro regazo, colocando la mano derecha encima de la mano izquierda y siempre concentrándonos en la respiración.

La forma más básica de meditación es la respiración, que se centra en el ritmo de la respiración, los sonidos y los sentimientos que provoca.

Hakini Mudra es una meditación más dinámica y diferente en la que debemos sentarnos con la espalda recta, colocar nuestras manos cerca del pecho y concentrarnos en la relajación, la concentración y la energía.

La visualización del espejo es una técnica en la que colocamos nuestras manos sobre las rodillas y imaginamos que estamos frente an un espejo y vemos nuestra mente en todos los aspectos físicos.

Cuando se trata del hinduismo, es fundamental comprender el concepto de mudra, que es una representación que se crea mediante la posición de las manos al meditar y que también puede acompañarse de los sonidos OM, que representan el universo. Debemos tener en cuenta que el hinduismo es una religión que se originó en la India y que, aunque no tiene un sistema organizado, se basa en textos sagrados que dictan normas de comportamiento y que las personas que lo practican tienen la creencia en la reencarnación. El karma es otro aspecto del hinduismo.

Al tener claro este contexto, es fundamental partir de esta idea para saber que si eres una persona principiante, la práctica del hinduismo puede ser mucho más amplia y basta de diversos aspectos que debes tener en cuenta.

www.ingramcontent.com/pod-product-compliance
Lightning Source LLC
Chambersburg PA
CBHW050418120526
44590CB00015B/2010